STRESS POST-TRAUMATIQUE

TSPT

EN GUERIR AVEC L'EPRTH™

ÉDITION PHYSIQUE ET NUMERIQUE DU LIVRE, 2024

Stress Post-Traumatique

TSPT

En guérir avec l'EPRTH™

De la même Auteure

Livres sur la santé :

« La santé par les bourgeons » - KRF éditions

« Arrêtez de vous prendre la tête et guérissez » - KRF éditions

« Burn out, Bore out, Comment en sortir naturellement » - KRF éditions

« Concrétisez vos rêves » - Editions Bussière

« Sortir de l'anxiété avec l'EPRTH™ » - Éditions Bussière

Roman :

« Incarnata mène l'enquête. La disparue du square du Périgord » - KRF éditions

Suivez la sur :

Twitter : @AmbreKalene

Instagram : *@ambrekalene*

Facebook : @ambre.kalene.1

Prologue

Pourquoi ?

Pourquoi, alors que le traumatisme est ancien, voire très ancien. Parfois même on a l'impression qu'on s'en est très bien remis moralement, voire même qu'on ne s'en souvient pas. Pourquoi garde-t-on des séquelles émotionnelles, physiques (non lésionnelles) comme des douleurs, des blocages, des phobies, des peurs, des limitations dans notre épanouissement, etc. ?

Et surtout comment s'en sortir ?

C'est justement le propos de ce livre.

Je veux juste vous dire qu'il n'y a aucune raison de continuer à supporter ce fardeau, et encore moins de vivre une demi-vie. Car l'EPRTH™ existe. Et que c'est une technique très efficace qui permet des résultats rapides et définitifs, sans pour cela que vous soyez obligé(e) de prendre des potions ou de vous transporter dans des régions lointaines. Puisque vous pouvez consulter un(e) thérapeute EPRTH™ dans votre région, voir même depuis votre bureau, votre salon, à distance. Certains thérapeutes EPRTH™ consultant via Internet. Ce qui est mon cas.

Avant de vous présenter cette technique, je veux juste vous préciser que c'est bien de votre cerveau dont dépend ce TSPT. Mais qu'il ne le fait pas pour vous nuire, mais bien parce qu'il n'a pas compris, ou plutôt qu'il n'a pas intégré que le danger était passé. Et qu'il « croit », ou plutôt qu'il « perçoit » qu'ainsi il vous protège.

Ce que je rappelle souvent à mes élèves praticiens, c'est que : même si cette partie de notre cerveau a pour fonction de protéger notre vie (inconscient), elle peut nous donner parfois l'envie de mourir (conscient). Tant notre vie peut s'avérer insupportable, douloureuse, limitée, sans saveur et sans joie, suite à un traumatisme connu ou inconnu, récent ou très ancien.

Cela est paradoxal, et c'est bien ce paradoxe qu'il faut pouvoir régler <u>en profondeur</u>, si on veut réellement guérir d'un traumatisme. C'est donc à cela que tend l'EPRTH™ : mettre naturellement en cohérence le cerveau biologique et le cerveau de la conscience.

Qui je suis

Je suis une personne ordinaire, de nationalité suisse, née en 1957.

Rien ne me destinait à devenir praticienne de santé. Je n'y pensais même pas.

C'est en 1977 que ma vie bascule, victime d'une très grave agression, je développe dans un premier temps des problèmes physiques, puis rapidement des problèmes émotionnels : peurs paniques, insomnie, phobies, etc. À ce moment-là, la seule solution qu'on me propose ce sont des anxiolytiques : Témesta, Séresta, Valium, etc.

Rapidement, je ne suis plus qu'un zombi. Je ne dors toujours pas, j'ai toujours des attaques de panique, mais en plus j'ai la sensation de flotter toute la journée. J'ai à peine 20 ans et j'ai déjà de gros problèmes de mémoire, et mon cœur à la fâcheuse habitude de « louper » des battements. On me prescrit alors des comprimés pour soutenir le cœur et des ampoules de sang de bœuf pour me « remontrer », etc. Ma vie n'est plus qu'une demi-vie.

C'est alors que je rencontre dans mon travail une jeune femme d'origine lyonnaise qui vient de passer 9 ans au Japon, et qui me présente son ami, un philosophe japonais qui vit sur Paris, et qui pratique le Seitai. Le Seitai est une technique de santé japonaise formalisée par Haruchika Noguchi et qui repose principalement sur 2 postulats :

- La maladie n'est pas une « punition » contre laquelle il faut lutter, mais une tentative du corps pour retrouver son équilibre.

- Dès l'instant où il en a encore les ressources nécessaires, le corps peut dé-créer la maladie qu'il a créé.

Et pour l'aider dans cette recherche de l'homéostasie, il y a, entre autres, la pratique du « Mouvement régénérateur » que cet ami japonais m'a alors enseigné. Enseignement que j'ai complété, au bout de quelques mois, lors d'un stage avec Maître Itsuo Tsuda dans son centre, rue de Petites Écuries à Paris.

Le Seitai m'a permis d'arrêter tous ces médicaments (anxiolytiques et autres) en moins d'un an. Vous dire que ça a été une partie de plaisir serait mentir, car la mise en place du « Mouvement régénérateur » demande du temps et de l'assiduité (tous les jours). Sans compter que mon corps a dû évacuer toute cette chimie, des mois durant, pour permettre le retour à l'équilibre. Mais cela m'a permis de retrouver une vie acceptable, et surtout cela a changé toute ma perception de la santé. Ce changement m'a accompagné tout au long de ma vie de femme, et il a orienté mes choix lorsqu'il a été question de me former pour devenir praticienne de santé naturelle. La Naturopathie s'est alors imposée comme choix logique, car son approche est similaire : une prise en charge globale de la biologie de l'individu, d'abord en tant que prévention, et ensuite comme accompagnement, comme support de l'organisme dans ses efforts pour recouvrer la santé.

Aussi, lorsque des années plus tard, j'ai constaté que les personnes avaient des difficultés à poursuivre les réformes nécessaires à leur santé, j'ai naturellement cherché une pratique que je pourrais intégrer à ma démarche première, sans en dénaturer le message. Et c'est ainsi que j'ai eu connaissance des techniques de balayages oculaires des Indiens toltèques. Techniques qu'il m'a fallu revoir, reformuler, sur plusieurs années, avant de pouvoir synthétiser un déroulé de consultations fiable et cohérent, pouvant répondre à toutes les demandes spécifiques, l'EPRTH™.

Il est donc évident pour moi, ainsi que pour toutes les personnes qui ont été traitées en EPRTH™ et/ou qui la pratiquent, que l'EPRTH™ n'est pas du tout un traitement sous l'angle de la psychologie, mais bien sous l'angle de la biologie, le corps. C'est une technique naturopathique qui prend en compte la globalité de l'individu, corps et esprit. Et c'est bien pour cela qu'il est possible d'obtenir des résultats aussi spectaculaires, positifs et fiables en si peu de consultations.

Aussi, lorsque je lis des critiques de personnes qui disent en substances : l'EPRTH™ copie l'EMDR, je sais que ces personnes ne savent pas de quoi elles parlent. Elles ne connaissent en rien l'EPRTH™. D'ailleurs les praticiens et les patients qui connaissent les 2 techniques peuvent en attester grandement.

Des éléments très importants en EPRTH™ comme un déroulé de consultation très structuré, la circulation du souffle, la localisation biologique de l'émotion, la mise en cohérence de toute la biologie, etc. sont totalement absents de l'EMDR.

Je ne dis pas que l'EMDR est un sous-EPRTH™, mais ce n'est ni la même pratique, ni la même recherche de santé, ni les mêmes résultats. Il me semble qu'il fallait le préciser.

Sommaire

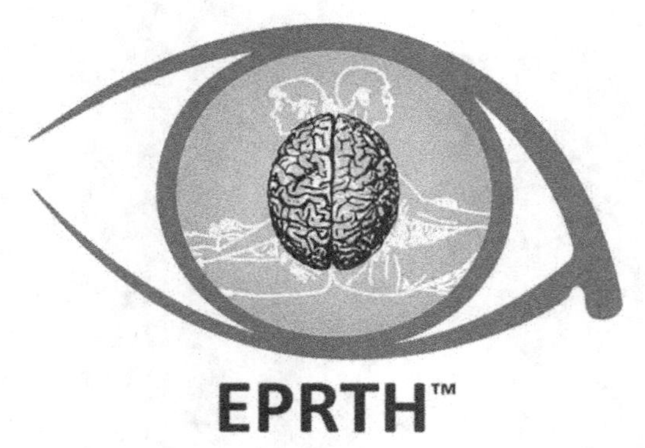
EPRTH™

L'EPRTH™

L'histoire de l'EPRTH™

En tant que Naturopathe, j'ai indiqué à mes patients, des années durant, des rectifications de leur alimentation et la prise de compléments alimentaires, de plantes, etc., afin de leur permettre de recouvrer une meilleure santé. Et j'y parvenais plutôt bien. Mais j'ai dû assez vite constater que ces réformes nécessaires n'étaient pas mises en œuvre dans le temps. En effet, à peine allaient-elles mieux que les personnes concernées revenaient à leurs anciens comportements délétères. Et bien entendu, leurs anciens maux ne mettaient pas longtemps à revenir dans leur vie.

Il était évident que ces anciens comportements, tout négatifs qu'ils étaient, n'en étaient pas moins nécessaires, au moins à un certain niveau, dans la vie de ces personnes.

Il ne s'agissait donc pas « d'empêcher » ces comportements nocifs, mais bien de régler la blessure émotionnelle qui avait amené l'inconscient de la personne à rechercher ce déséquilibre, afin de rendre sa liberté de choix de la personne.

Ainsi l'EPRTH™ permet de remettre en cohérence l'inconscient et le conscient de la personne. C'est un véritable « Reset » qui s'effectue naturellement dans le cerveau et dans la biologie toute entière.

Notre cerveau en question

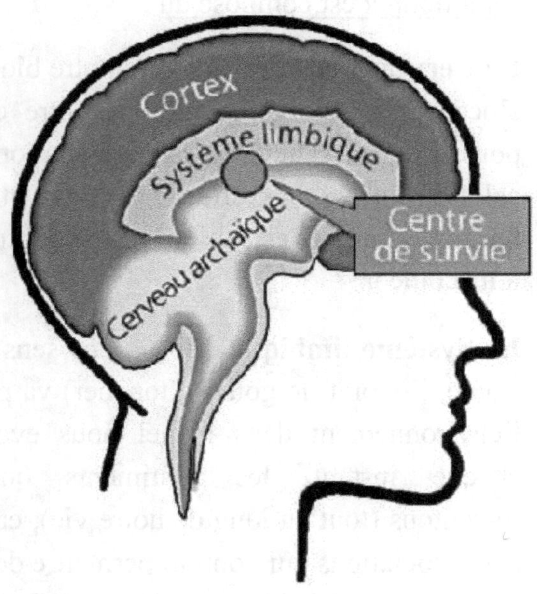

La représentation de notre cerveau sur cette image est schématique, mais juste. Il est bien évident qu'il n'y a pas des zones aussi définies, mais bien des interconnexions entre différentes zones. Cependant, cela vous montre bien qu'il y a bien, dans notre cerveau, des zones différentes qui ont des fonctions différentes, et qui vont percevoir notre vie, et les événements que nous traversons de façons différentes, et avec une temporalité totalement différente. Ce qui explique que notre perception consciente (cortex) n'est pas forcément semblable avec notre perception émotionnelle, et surtout à travers le sujet qui nous intéresse dans ce livre, qu'ils ne vont pas pouvoir se « réparer » de la même façon.

Comprendre les différentes structures et leurs fonctions de notre cerveau :

Le Cerveau émotionnel est composé du :

- **Le Cerveau reptilien** qui gère notre biologie : Il s'occupe de la température de notre corps, la pousse de nos cheveux, la régénération de nos cellules, notre digestion, la production des hormones, etc. C'est lui qui gère et entretient la « machine ».

- **Le Système limbique** qui via nos sens (la vue, l'ouïe, l'odorat, le goût, le toucher) va percevoir l'environnement dans lequel nous évoluons à chaque instant, les sentiments que nous ressentons (tout au long de notre vie), et va faire des associations qui vont lui permettre de se faire une perception de ce qui est utile à notre sauvegarde, pour faire en sorte de nous permettre de survivre.

Attention ! Même s'il est très perfectionné, notre cerveau émotionnel (reptilien et limbique) il n'est pas « intelligent ». Il ne pense pas et ne se projette pas dans le futur. Il gère l'instant présent (biologiquement), en fonction des données qu'il a engrammées, à travers les différents événements de notre existence, y compris ceux rencontrés dans notre vie intra-utérine : notre naissance, et tout ce qui l'aura impacté dans notre vie. Et vous l'avez compris lors de traumatismes (positifs et négatifs).

Ce Cerveau émotionnel vit en permanence dans l'instant présent. Il fait en sorte que l'existence de la personne corresponde à ce qu'il a enregistré comme étant nécessaire à sa survie. **Selon ce qu'il a perçu des expériences rencontrées principalement dans les toutes premières années de la vie.** Ces premières informations étant fondatrices.

Note : Ce Cerveau émotionnel ne peut pas être contrôlé. C'est lui qui nous contrôle en permanence, via nos hormones et nos perceptions de notre environnement. On ne peut pas changer son programme volontairement. En cas de stress, c'est lui qui va prendre la main. C'est donc bien de lui que vont dépendre notre état émotionnel, notre santé et même nos choix (via nos pulsions et répulsions).

D'autre part, sa fonction de nous maintenir en vie ne signifie pas qu'il va favoriser notre bien-être moral, ni même notre épanouissement personnel. Ce n'est pas là sa fonction. Sa fonction est de nous maintenir en vie pour que nous nous reproduisions. Afin que nous transmettions nos gènes et surtout nos bactéries à notre descendance, et ainsi de suite.

Je sais cela n'est pas très glamour ni rassurant. Mais si nous voulons comprendre pourquoi, nous devons, et surtout savoir, pourquoi votre cerveau n'est pas plus coopératif à votre bonheur, à votre réalisation ? Et nous verrons ensemble qu'il s'agit simplement d'une mise à jour qui n'a pas pu se faire.

- Le Cortex.

  Il est le siège de notre intelligence et de notre volonté. Il est capable de se projeter dans le futur. Il nous permet donc d'avoir des projets. Cependant, bien qu'il soit plus évolué, ce n'est pas lui qui dirige notre biologie.

Ainsi, c'est bien un déséquilibre entre notre Cortex conscient, volontaire, et notre Cerveau émotionnel biologique, inconscient, qui va générer des troubles tels que les Troubles de stress Post-traumatique et la cohorte de bon nombre d'autres troubles biologiques, physiques (douleurs, blocages, etc.) et émotionnels (les émotions étant générées via nos hormones), et relationnels (confiance en soi, comportement social, etc.).

Pour plus d'information sur l'EPRTH™, je vous engage à consulter mon précédent ouvrage « Arrêtez de vous prendre la tête et guérissez ». Ou rendez-vous sur le site www.eprth.com

Des techniques de bien-être

La gestion des émotions

Je ne vous parlerai que des techniques que je connais bien. Celles que je pratique individuellement ou que je prescris :

- **La cohérence cardiaque :**

  Je suis formée dans cette technique, et il possible d'obtenir une modération des troubles dépressifs ou du Burn out, en pratiquant régulièrement cette technique. Ce n'est pas une solution d'urgence. On ne peut obtenir de bons résultats qu'au bout d'un certain temps de pratique régulière.

- **La méditation en pleine conscience :**

  Ce n'est pas non plus une solution d'urgence. Mais si vous êtes dans un schéma de vie où vous rencontrez souvent des stress, mettre en place ne serait-ce qu'une pause de méditation quotidienne, vous sera grandement profitable. Personnellement, je pense que la méditation devrait être enseignée aux enfants, dès les petites classes.

- **Le Papillon :**

  C'est un exercice que j'ai mis au point, et qui est généralement utilisé dans le cadre d'une séance d'EPRTH™. Mais on peut l'utiliser en dehors des séances, afin de mieux gérer un stress ponctuel. C'est une solution d'urgence intéressante.

Une consultation EPRTH™

Une structure très établie et répétitive :

Répétitive pourquoi ?

Le cerveau émotionnel (biologique) n'aime que ce qu'il connaît. Certainement parce que cela lui permet :

- De se préparer (la surprise est pour lui source de grand stress qui multiplie un traumatisme au moins par 10).

- D'économiser de l'énergie.

Ainsi, en inscrivant les diverses consultations dans un rythme et une structure « connue » par lui, il se détend d'autant plus et « collabore » également plus volontiers. Ce qui permet d'avancer plus vite et en profondeur, tout en limitant les blocages, voire les réactions émotionnelles trop fortes.

Très structurée, pourquoi ?

- D'abord parce que justement, en enchainant toujours les mêmes séquences, le cerveau émotionnel, et donc le patient, est en situation de confort, sans surprise, et peut « faire confiance » au praticien.

- Le praticien EPRTH™ ne fait pas de diagnostic, pas d'improvisation. Il se contente de :

  - Partir du ressenti émotionnel et physique de son patient dans le présent. Soit dans l'approche du

« Ici et maintenant », soit à l'évocation d'une situation connue, ou d'une zone de temps où ce serait produit le traumatisme.

- De traiter ce qui se fait ressentir dans le corps du patient, avant de passer à l'évocation d'une autre situation.

- C'est le domaine du « Que ressentez-vous ? » et non du « que pensez-vous ? ». Il n'y a donc pas de dialogue (au moment du traitement), mais uniquement un enchainement de ressentis qui sont traités au fur et à mesure qu'ils viennent.

- Une émotion, un ressenti, lié à un traumatisme peut souvent être fugace, car la personne a mis en place (inconsciemment) des stratégies d'évitement, au fil du temps, afin de pouvoir continuer à « fonctionner » au quotidien. Le praticien doit donc traiter très rapidement le ressenti qui affleure. Faute de quoi il risque de « louper le coche », de laisser passer sa chance de pouvoir mettre à jour les données émotionnelles du patient. Il n'est donc pas temps de « papoter » mais bien d'agir, en douceur mais rapidement. La fenêtre de traitement étant souvent très fine.

Je ne vais donc jamais pouvoir parler, expliquer poser des questions à mon praticien ?

Bien sûr que si, mais à certains moments du traitement :

- Lors de la première consultation, le praticien EPRTH™ va remplir avec son patient un dossier complet qui lui permettra :
    - De bien comprendre la demande du patient. Quel problème il vit dans son quotidien, ou à l'occasion de certaines circonstances.
    - De prendre note du quotidien du patient :
        - En couple ou pas,
        - S'il a des enfants,
        - Son emploi,
        - Ses ressentis biologiques (trouble du sommeil, digestion, dépendances, etc.).
    - De survoler rapidement la structure de la famille dans laquelle il a grandi. Afin de comprendre les articulations personnelles qui ont concouru à la construction des ressentis de son Cerveau émotionnel. N'oublions pas que notre perception émotionnelle du monde et de notre place au sein de celui-ci s'élabore dans les 7 premières années de notre vie, voire dans les 3 premières années de notre vie.

Cette partie de la première consultation se déroulera au bureau. Lors des consultations suivantes, cette partie au bureau n'est généralement plus nécessaire.

- La seconde partie de la consultation se déroulera dans ce que nous nommons « zone de traitement ».
    - Le patient est alors installé dans un fauteuil confortable. Son thérapeute est sur le côté, face à lui. Plusieurs temps vont intervenir lors de ce traitement :
        - Des temps de discussion. Au cours desquels le thérapeute recueille des informations factuelles sur les lieux, les temps, et les circonstances.
        - Des temps de traitement lors desquels il n'y a plus de discussion, mais des enchainements rapides de levées des émotions et de leur intégration.

Comme je le disais plus tôt, ces enchaînements prévisibles et rythmés permettent un traitement efficace et rapide, très largement apprécié par les hommes qui généralement n'aiment pas « se raconter », les enfants et les adolescents qui veulent que ça aille vite.

Des cas concrets

Je ne vais pas pouvoir ici vous indiquer tous les cas possibles à traiter avec l'EPRTH™, car ils sont trop nombreux. Ni vous indiquer ce qui relève ou pas d'un traumatisme. Ce que vous devez retenir c'est que :

- En dehors de ce qui est véritablement lésionnel et irréversible, tel qu'un organe ou un membre manquant, un trouble qu'il soit appelé émotionnel (dépression, burnout, phobies, peurs, etc.) ou physique (migraine, douleur récurrente, troubles digestifs, problèmes de fécondité, etc.), ou à la jonction des 2 (trouble de l'érection, troubles sexuels, dépendances, etc.) ou encore comportementaux (timidité, manque de confiance en soi, bégaiement, difficultés d'apprentissage, etc.) peut être traité avec un bénéfice réel avec l'EPRTH™. Par exemple pour résumer :
    - On ne pourra pas faire repousser un bras sectionné lors d'un accident, mais on pourra :
        - Traiter efficacement le traumatisme de l'accident, de l'opération, etc.
        - Traiter les troubles du membre fantôme.
        - Traiter le pourquoi, la conduite qui a amené à l'accident.

- Traiter le ressenti émotionnel de vivre au quotidien avec cet handicap, et aider la personne à se projeter dans le futur.

- Quant à savoir si ce dont vous souffrez relève ou pas des conséquences d'un traumatisme. Vous devez comprendre que derrière le mot « traumatisme », il n'y a pas forcément « violence », « agression » ou « abus ». Un traumatisme est avant tout une empreinte laissée par un vécu dans le réel ou même dans l'imagination. Ainsi :

  - Si 10, 20, 30 ans après avoir vécu un événement, vous vous rappelez parfaitement des détails comme un parfum, la couleur d'une robe, d'un Tshirt, d'une voiture, etc., c'est qu'il y a eu un traumatisme qui a laissé son empreinte. Et cela même si l'action a été agréable, positive. Cet événement a laissé son empreinte. Empreinte qui n'aura pas eu forcément un effet négatif sur votre vie par la suite, mais qu'il convient tout de même d'explorer si ce souvenir revient souvent à votre mémoire. Et cela pour les raisons suivantes :

    - Le cerveau émotionnel mémorise, rapproche les informations survenues sur une période de 24 h, sous le filtre des 3 dernières semaines, à la lueur de notre vécu antérieur (notre vécu dans la toute petite enfance). Il mélange le tout un peu comme dans une soupe. C'est ce qui donne ces rêves incompréhensibles qui semblent n'avoir ni queue ni tête. Car il cherche à « comprendre » ce qu'il doit garder ou pas pour permettre à l'organisme de survivre. Et lorsqu'on traite une personne en EPRTH™ le praticien doit tenir compte de cette particularité.

Chute à ski

Un exemple :

Catherine est une femme de 40, sportive et équilibrée, mère de 2 enfants, dont un beaucoup plus jeune Louis qui n'a que 8 ans.

Elle vient me consulter suite à une chute à ski qui a occasionné une fracture du genou, depuis longtemps soignée, mais qui pourtant lui occasionne toujours des douleurs invalidantes. Elle m'a été envoyée par son kiné qui constate que le genou est parfaitement fonctionnel, et que par conséquent les douleurs sont incompréhensibles.

Lorsque je me propose de questionner Catherine sur le week-end en question, elle se braque et me répond que c'était un week-end très agréable, prévu de longue date, et que tout se passait très bien si ce n'est ce problème de bosse qu'elle n'a pas vu et qui a occasionné la chute. Je comprends qu'elle ne veut traiter QUE cet incident et rien d'autre. Je m'exécute, et traite juste cet accident. Puis je lui donne rendez-vous quelques semaines plus tard pour un second rendez-vous de « contrôle ».

Lorsqu'elle revient 3 semaines plus tard, Catherine me confirme ce que je présentais depuis le début :

- **Juste après la consultation la douleur avait totalement disparu.**
- **Mais quelques jours plus tard, elle était revenue**

« d'un coup » me dit-elle.

Je l'interroge sur les circonstances des 24 h de cette « réapparition » spontanée. Et j'apprends que son plus jeune fils s'étant battu avec un camarade de classe, Catherine a été convoquée par son enseignante.

Cette fois je ne laisse pas Catherine me limiter sur la zone de temps à traiter sur les circonstances du traumatisme initial :

- **Après avoir traité la douleur présente au moment de la consultation.**
- **Je traite l'information sur les derniers événements à l'école.**
- **Puis j'enchaine sur la totalité du week-end au ski : le moment où le week-end est décidé, le voyage pour se rendre sur place, le déroulement de la matinée de ski, et l'après-midi lorsque l'accident était arrivé, puis les conséquences (les secours, l'hôpital, etc.)**

À votre avis, à quel moment la douleur s'est -elle réactivé le plus, lors de la consultation ?

- **Lorsque nous avons évoqué l'accident ? Non, ne serait-ce d'ailleurs parce que nous l'avions traité lors de la première consultation. En EPRTH™ une zone de temps traitée est traitée en profondeur et définitivement. Si on revient dessus, plus tard, il n'y a plus d'émotion négative**

associée.

Je ne vais pas vous faire chercher plus longtemps. C'est lorsque nous avons traité la zone de temps relative à la matinée de ski. Celle « où tout s'est très bien passé » m'avait-elle affirmé.

En fait, pas si bien que cela :

- **C'est à ce moment qu'elle avait vu son petit dernier passer tout schuss, sans son casque sur la tête.**
- **Lorsqu'elle lui en avait parlé au repas du midi, il avait fait celui qui n'écoutait pas, et minimisait le problème : « mais j'ai l'habitude… ».**

Quel lien avec les problèmes de genou de Catherine ?

En fait tout semblerait indiquer qu'à travers cette chute, cette fracture, ces douleurs et ces difficultés à marcher, Catherine cherchait (inconsciemment)à enseigner son fils les dangers à skier sans protection, sans casque. Et c'est pourquoi c'est bien l'incident autour de la violence à l'école qui a réactivé la douleur.

En EPRTH™, le thérapeute ne fait pas de diagnostic, il se contente de traiter les faits, sachant que le laps de temps n'est pas forcément aussi étroit que présupposé par le patient.

Il y a toujours « une raison », non raisonnable (puisque le cerveau émotionnel ne raisonne pas), une corrélation avec des événements vécus ou ressentis (à travers des informations données par un média, un tiers, etc.).

Les problématiques ne nous « Tombent » pas dessus sans raison. Même si c'est difficile à accepter :

- Elles ont une fonction. Fonction déterminée par une partie non intelligente de notre cerveau. Mais qui perçoit que cela doit être pour permettre à votre organisme de survivre afin de se reproduire.
- Ces traumatismes, ces empreintes viennent peut-être de votre toute petite enfance voir d'avant votre naissance.

Quand vie intra-utérine et naissance sont source de traumatismes

Marie est une femme de 53 ans dépressive depuis longtemps. Pourtant, en remplissant son dossier, je vois qu'elle a eu des parents aimants, une sœur très gentille, et une enfance sans heurts d'aucune sorte.

Elle est sous traitement médicamenteux et a essayé de nombreuses pratiques naturelles et même parallèles.

- **Je traite au cours de plusieurs consultations les différents épisodes d'aggravations de son état. Et son état s'améliore sensiblement. Au point où elle décide que désormais elle va mieux et que nous cessons de nous voir.**

- **Elle a vu avec son psychiatre qui a mis un protocole de sortie médicamenteuse très progressive. Tout semble donc aller pour le mieux.**

- **Quelques mois s'écoulent et je vois revenir Marie qui me déclare : « Je vais vraiment mieux. Mais je ne sais pas pourquoi, je sens au fond de moi cette immense tristesse qui ne demanderait qu'à ressurgir.**

- **Je lui propose alors de traiter sa vie intra-utérine et sa naissance. Elle accepte.**

- **Je mets en place le protocole pour ce traitement.**

Et voici ce qui est arrivé :

- **Alors que j'arrivais au 5e mois de gestation Marie a été prise de panique, panique accompagnée de tristesse. Je traite immédiatement l'émotionnel.**

- **6e mois de gestation = tristesse**

- **7e, 8e et 9e mois pareil. Je désensibilise à chaque fois, ainsi que le moment de la naissance et les jours, semaines et mois qui suivent.**

- **Revenus dans le présent de la consultation, je questionnais Marie afin de savoir si elle avait une idée de ce qu'il s'était passé pour sa maman alors qu'elle était à son 5e mois de grossesse.**

- **Elle me répondit : « Mon père biologique est mort ».**

Que s'est-il passé ?

- Lorsqu'un enfant est dans le ventre de sa mère, il est alimenté par le sang de sa mère :

  - Si la mère vit un choc émotionnel important, son sang se charge d'hormones de stress.

  - Ces hormones de stress sont véhiculées jusqu'à l'enfant, le plongeant ainsi dans un état de stress, de peur, de tristesse, sans raison, mais pourtant bien téléchargé par le cerveau émotionnel de l'enfant, comme étant une référence à la survie.

- Lorsque je l'avais interrogée sur ses parents, Marie n'avait pas fait mention de cette perte, car pour elle son père était celui qu'elle avait toujours connu.

- Pourtant on peut dire que Marie était née « dépressive ». Car elle portait en elle l'empreinte suivante : hormones de stress = survie.

Son cerveau émotionnel ne pouvait pas concevoir un autre message. Je vous rappelle qu'il n'aime que ce qu'il connait, il ne veut que ce qu'il connait.

En désensibilisant ce message intra-utérin, et en permettant la mise à jour de son cerveau émotionnel en accord avec son cortex (cerveau intelligent) de l'adulte qu'elle était, à savoir qu'être heureux permet également de survivre, il a été possible à Marie de sortir définitivement et rapidement de cet état dépressif chronique.

J'en profite pour vous informer du principe suivant, basé sur plus de 30 ans de pratique :

Comme on naît, on vit

Comme on naît, on vit

À ce propos, je reste encore et toujours atterrée de constater certaines « pratiques » médicales au moment de l'accouchement :

- Pourquoi obliger la femme à accoucher allongée ? Alors qu'en accouchant à genoux ou accroupie le bébé pourrait profiter de la gravitation pour être expulsé plus facilement. Et qu'on ne me dise pas que c'est pour mieux voir, à notre époque où une simple caméra placée sur la table d'accouchement ferait très bien l'affaire.

- Pourquoi continuer à faire accoucher certaines femmes dans l'eau ? Nous ne sommes pas des dauphins !

    - Les séquences du bébé humain sont : dans le liquide / assèchement / glissade / respiration.

    - ET PAS : : dans le liquide / assèchement / glissade / dans le liquide.

Pour avoir traité de nombreuses personnes (enfants, adolescents, adultes) étant nés de cette façon, on retrouve toujours une incapacité à savoir ce qu'ils doivent faire. Ce qui est normal puisque le message à la naissance était incohérent.

- Pourquoi pratiquer des césariennes lorsque ça n'est pas absolument nécessaire ?

La pratique de la césarienne est une merveilleuse avancée médicale, mais elle devrait être exceptionnelle. Combien d'accoucheurs la pratique parce que : ça rapporte plus, ça permet de ne pas être dérangé le week-end, la nuit ou pendant les vacances, ça permet de programmer en fonction des salles et du personnel disponibles. Et parfois même c'est la femme qui demande à accoucher ainsi. Et pourtant cela a des conséquences importantes sur le devenir de l'individu (le bébé).

- Cela donne des personnes qui sont impatientes des « je veux tout, tout de suite ! » et qui pour autant sont dans le rapport aux autres du type « foutez-moi la paix ! ». Ce qui est logique par ce qu'ils n'ont pas eu à pousser pour sortir. Leur corps n'a pas eu le temps de se préparer au contact avec l'autre. Puisqu'il n'y a pas eu frottement au moment du passage.

Note : **Si vous voulez savoir comment s'est déroulée votre naissance, regardez ce qu'il se passe lorsque vous commencez quelque chose.**

Exemple :

Laure est une femme de 41 ans avec un gros sentiment de ne jamais arriver à rien.

On pourrait dire qu'elle a essayé plein de choses, mais qu'elle n'a rien abouti.

Elle m'explique qu'à chaque fois qu'elle se lance dans un nouveau projet (formation, projet d'entreprise, etc.), au début c'est super. Elle est pleine d'enthousiasme, les portes s'ouvrent devant elle, les démarches passent sans difficulté, et puis tout à coup « c'est le mur » me dit-elle. Elle essaie bien de contourner le problème, de le résoudre, mais bien vite, elle se décourage et abandonne, fatiguée.

Après avoir traité des problèmes de conflit avec son père (celui qui dit de façon implicite à l'enfant quelle est sa place dans le monde et comment le monde le reçoit), je lui proposais de voir du côté de sa naissance. Le systématisme du processus de blocage étant très affirmé.

Voici ce qui est apparu :

- **Lorsque sa mère était arrivée à l'hôpital, le travail avait déjà largement commencé. Elle était prête à accoucher.**

- **Mais elle n'était pas la seule. Toutes les salles d'accouchement étaient occupées.**

- **Après l'avoir fait marcher quelque temps dans les couloirs, la décision d'arrêter les contractions**

avait été prise par le médecin. Une piqure et tout s'était arrêté. Une autre piqure quelque temps plus tard avait relancé le processus, et la patiente était née avec ce message émotionnel : Oui, oui, oui, en avant et « Le mur » = survie.

Que se passait-il dans son présent ?

Son cerveau émotionnel lui servait encore et encore ce même message (dans le but de la faire survivre. C'est là sa fonction). En avant → Stop.

Il l'amenait ainsi à « choisir » inconsciemment des projets, des actions pour les mener à bien qui irrémédiablement l'amèneraient face à ce mur. Et à « naître » (à vivre) fatiguée et découragée.

Le souvenir heureux qui « cache » un traumatisme enfoui

Je vous parlais un peu plus tôt de souvenirs heureux qui peuvent s'avérer n'être que la partie visible de l'iceberg traumatique.

Nous avons vu, à travers l'exemple de Catherine que parfois en négligeant le laps de temps « heureux » précédant un traumatisme douloureux, on passe à côté de la vraie « raison » du traumatisme et de ses conséquences.

Il arrive également que le traumatisme apparaisse sous la forme d'un rejet de tout autre chose que ce à quoi on pourrait s'attendre.

Sylvie est une jeune femme de 20 ans qui a des problèmes de blocage sexuels importants. Célibataire, elle a des difficultés à avoir des rapports sexuels avec un partenaire et cela depuis toujours.

Je lui demande si elle a un souvenir traumatique à ce propos. Elle me dit que non.

- **Je commence le traitement par sa dernière tentative de rapport sexuel.**
- **Puis je traite les principales tentatives et enfin sa première fois.**
- **Je note que lorsqu'elle évoque cette première fois, elle me parle surtout des motifs du papier peint (des papillons) de la pièce où cela s'est**

passé, que du physique, de la voix, de l'odeur de son partenaire de l'époque. Je traite cependant l'épisode douloureux tel qu'elle s'en souvenait.

- **Je décidais ensuite de m'attacher à cette image de papillon. Elle est surprise. Me dit qu'elle n'aime pas particulièrement les papillons que même, elle en a un peu peur. J'insiste. Je lui demande seulement d'essayer de visualiser un papillon, de le regarder voleter doucement et de laisser venir ce qui vient.**

- **C'est à ce moment-là où on a basculé dans une panique que j'ai immédiatement traitée. Laissant émerger le souvenir d'un abus sexuel perpétuer par son grand-père, alors qu'elle était toute petite, dans une des chambres de la maison familiale. Une chambre sur lequel étaient représentés des papillons.**

- **J'ai traité le souvenir qui a surgi spontanément.**

- **La patiente a pu par la suite avoir une sexualité épanouie.**

Que s'était-il passé ?

- La patiente était vraisemblablement toute petite. Je dirais autour des 4 ans.

- Elle avait gardé uniquement le souvenir de la douleur que son cerveau avait associé, non pas au grand-père, mais aux papillons du papier peint. On peut penser que pendant le traumatisme son regard était demeuré figé sur ces représentations.

Attentions cependant aux faux souvenirs induits !

Je suis toujours très choquée par ses « thérapeutes » qui déclarent, sans sourciller :

« Vos problèmes sexuels viennent forcément que vous avez été violée dans votre enfance ! »

« Vous avez certainement eu un jumeau, dans le ventre de votre mère, qui est mort ». Etc.

C'est stupide et dangereux !

- Non, ce n'est pas parce qu'on a des problèmes sexuels qu'on a forcément été violé !

Dans l'exemple dont je viens de vous parler, le cerveau émotionnel de la patiente a de lui-même spontanément ramené ce souvenir. Mais cela aurait pu être tout autre chose que le souvenir d'un viol. Lorsque je suis partie sur cette image de papillon, c'était juste parce que cette image était récurrente et qu'elle semblait chargée d'émotionnel.

En EPRTH™ le praticien n'interprète pas, il se contente de suivre les méandres émotionnels du cerveau de la personne traitée. Je dis souvent : la technique est toujours la même. Le déroulé de la séance est toujours le même, mais chaque patient est un voyage.

Dans la même mouture des faux souvenir induits, je dirais ceci :

- S'il n'y a pas de jumeaux dans votre famille ni celle de votre conjoint, et que votre mère ne vous a pas parlé d'un jumeau mort-né. Il y a 99,99% de chance que vous n'en ayez pas eu un ! Et que donc vos problèmes émotionnels viennent d'ailleurs.

Cependant, si on vous a affirmé que c'était là la source de tous vos maux, et que vous consulter ensuite un Thérapeute EPRTH™, celui-ci vous ramènera en période de gestation juste pour vérifier (c'est pour les 0,01%). Et comme le patient ne peut pas « tricher » sur ses ressentis lors d'une séance, vous serez fixé.

Les traumatismes ne sont pas toujours là où on le croit

Giulia est une femme de 50 ans qui n'a pas eu d'enfant (c'est un choix). Lorsqu'elle me consulte, c'est suite à des douleurs récurrentes dans le bas du ventre, depuis des années. Elle a été opérée depuis longtemps suite à une endométriose invalidante. On lui a retiré l'utérus. Sa gynécologue ne trouve pas les raisons de ces douleurs, et me l'envoie.

Je traite un à un les traumatismes de sa vie, dont elle me parle (deuils, opérations, ruptures…) en remontant le cours de son existence. Et puis à la fin de la troisième consultation, elle me parle d'une couverture bleue dont l'image lui est spontanément revenue en mémoire. Et cette couverture bleue est celle qui était sur le lit de ses parents. La séance se terminant, je me contente de faire quelques balayages sur cette image et la sensation angoissante s'y rapportant. Puis je mets en place le protocole de fin de consultation.

Retournée à mon bureau ma patiente qui pourtant n'éprouve plus d'angoisse liée à cette dernière image, m'interroge sur la possibilité qu'il se soit peut-être passé quelque chose de « mal » quand elle était enfant, dans cette chambre de ses parents.

En EPRTH™ on ne fait pas de supposition, et encore moins de diagnostic. Je lui dis que cela n'est pas obligatoire, que le cerveau émotionnel fait parfois des rapprochements mnésiques curieux, et que si un vrai

souvenir devait se faire jour, il remonterait clairement à sa mémoire, soit dans le laps de temps entre nos 2 consultations, soit lors du prochain traitement.

Lors de la consultation suivante, nous sommes reparties sur cette image de couverture bleue, et effectivement un souvenir douloureux est bien remonté : Elle avait environ 8 ans, était grippée, et le médecin de famille lui demandait de se pencher sur le lit de ses parents pour lui faire une piqure douloureuse dans la fesse (vraisemblablement de la pénicilline). Je traitais de suite le souvenir douloureux. Et c'est alors que ses souvenirs basculèrent dans une zone de temps quand elle avait 20 ans et qu'elle avait été abusée par son professeur de yoga dans les vestiaires du gymnase. Un événement dont elle ne m'avait pas parlé, bien qu'elle s'en souvenait très bien. Mais la honte et la culpabilité étant plus fortes que la douleur, jamais elle n'avait voulu l'évoquer devant quiconque.

Je traitais cet événement remonté à la surface spontanément. Suite à quoi la patiente cessa de ressentir des douleurs récurrentes définitivement.

On voit bien ici que si j'avais voulu prendre un raccourci entre cette image de couverture bleue sur le lit de ses parents et un abus, j'aurais :

- Induit un faux souvenir qui n'aurait pas permis de traiter réellement les 2 traumatismes distincts.

- Peut-être créé des problèmes au sein de sa famille, en faisant planer un doute sur ce supposé abus au sein du foyer.

Il ne faut pas faire de raccourci. En EPRTH™ j'insiste encore et encore auprès des praticiens que je forme : On doit absolument partir sur les FAITS, et rien que les faits, pas sur des suppositions ni des interprétations.

La façon de mémoriser du cerveau émotionnel est sensoriel (voir, entendre, sentir, toucher, goûter) : si cela ressemble et si en plus c'est dans une zone corporelle proche, il peut faire un amalgame, en dehors de toute considération temporelle.

Traumatisme ancien réactivé par un traumatisme récent

Béatrice est une jeune femme de 27 ans, mère de 2 enfants, mariée, heureuse dans son couple. Elle me consulte suite à un incident dans le bus : profitant de la cohue dans cette voiture bondée, un inconnu lui a mis une main aux fesses très appuyée, et depuis elle ne dort plus, fait des cauchemars épouvantables, à tel point que sa vie de famille et son activité professionnelle en sont impactées.

Je traite immédiatement l'incident et rapidement on bascule sur un viol exercé par un de ses cousins dans la grange chez sa tante, alors qu'elle avait environ 11 ans. Viol qu'elle avait occulté.

Je traite cet abus, ainsi que la réaction négative de sa mère lorsqu'elle lui en avait palé juste après l'incident. Sa mère qui l'avait traitée de menteuse. Ce qui avait probablement concouru à cette occultation de l'événement, ainsi qu'à une tristesse récurrente qui depuis la poursuivait.

Après ce traitement, la patiente a pu reprendre une vie normale et apaisée.

On pourrait se demander pourquoi j'ai accordé plus de foi à ce souvenir occulté plus qu'au précédent. Pour les raisons suivantes :

- Ce souvenir est remonté spontanément pendant la consultation.
    - Cela n'était en rien une supposition.
    - Quel que soit ce qui remonte spontanément pendant le temps de la consultation, on le traite. Même si cela peut paraître farfelu ou anachronique. Toujours en accord avec la façon particulière de mémoriser du cerveau émotionnel.
    - Comment j'ai pu savoir qu'il s'agissait d'un vrai souvenir de la patiente, et non d'une construction ?
        - Parce que le souvenir était riche en détail sensoriels, sans interprétation., sans grandes phrases toute faites, juste des faits (odeurs, sons, douleurs…).

On voit, à travers ce témoignage, qu'un traumatisme négatif peut réactiver un traumatisme négatif plus ancien. Cependant, il est possible qu'un événement heureux réactive un traumatisme douloureux très ancien. Et cela à cause des particularités de mémorisation du cerveau émotionnel.

Henri est un homme de 55 ans qui est en état de grave dépression depuis plus de 5 ans.

Cet état dépressif semble lui être tombé dessus du jour au lendemain, sans que pour autant un événement négatif ne se soit produit dans les jours, les mois, précédents. Alors que jusqu'à présent, il était un homme heureux dans son couple et dans son travail.

Il a suivi de nombreuses années de psychothérapie, mais demeure dans le même état entre terreur et abattement.

Je décidais donc de partir sur un laps de temps d'environ 1 mois précédent la survenue du problème, et j'avançais prudemment vers le jour de déclenchement du problème.

Henri avait ressenti quelques tristesses, mais pas grand-chose, puis on arriva enfin à ce jour-là qui s'avéra un jour particulièrement heureux :

- **Il était environ 5 heures de l'après-midi, son patron venait de le faire appeler dans son bureau et lui avait dit ceci : « Je suis très satisfait de votre travail. À partir de lundi vous aurez le grand bureau avec la belle vue sur le lac, etc. »**

Je traitais méticuleusement toutes les micros-informations du déroulé, et tout à coup la mémoire d'Henri bascula, avec une grande anxiété :

- **Il avait environ 9 ans.**
- **Il vivait à la campagne dans une ferme avec ses parents, frère et sœur plus jeunes que lui.**
- **Allait à l'école du village. S'y rendait seul et en revenait seul, à pied.**
- **Ce jour-là, en fin de journée, aux environs de 5 heures, la maitresse l'avait appelé au bureau pour le féliciter sur son dernier devoir, et lui avait dit en substance : « Félicitations. Tu as bien réussi. À partir de lundi c'est toi qui auras la charge de nettoyer le tableau en fin de journée (ce qui représentait une marque de reconnaissance) et je mets une étoile dorée devant ton nom sur le listing sur le mur). »**
- **Henri était alors rentré de l'école, tout fier son devoir à la main, et avait trouvé sa mère en larmes assise dans la cuisine. Sa grand-mère qu'il adorait était morte soudainement.**

Que s'est-il passé ?

Quand plus de 40 ans plus tard, dans une même zone de temps (autour de 5 heures) :

- On le félicita en lui proposant une récompense pour le lundi suivant. Son cerveau émotionnel :
    - Fit alors le rapprochement immédiat entre les 2 événements (mémorisation sensorielle).

- Et enclencha une réponse hormonale d'évitement et de terreur, car il était alors persuadé qu'une personne qu'il aimait allait mourir subitement.
- Henri était rentré chez lui, plongé dans une terreur dépressive incompréhensive, car totalement biologique, sans pensée négative consciente. Et s'était couché.

On voit bien ici qu'un « traumatisme » positif (un changement inattendu, soudain) peut réactiver un traumatisme négatif.

Pourtant :

- Consciemment (cortex) Henri savait bien que sa promotion professionnelle n'allait pas faire mourir un de ses proches.
- Mais pour le cerveau émotionnel : si ça ressemble sensoriellement, c'est la même chose, et les conséquences seront les mêmes.

En traitant cet événement traumatisant. Henri put reprendre le cours de sa vie.

Quand un changement voulu, banal peut s'avérer être traumatique

Que diriez-vous si je vous disais qu'un superbe voyage de noces, ou un simple voyage d'agrément pouvait être la source d'une vie épouvantable dont la personne ne parvient pas à se remettre ?

Connaissez-vous le « Syndrome de l'Inde » qui amène certains Occidentaux (une centaine chaque année) qui se rendent en vacances dans ce pays (de façon volontaire) à basculer dans des troubles psychiatriques (hallucinations, états délirants, sentiments de persécution, vertiges, etc.), des terreurs qui les amènent à se retrancher dans leur chambre, généralement d'un palace, et qu'il faut exfiltrer rapidement, via un transport sanitaire, au risque qu'ils ne basculent dans une folie irréversible.

Curieux n'est-ce pas ? Mais on pourrait se dire que l'Inde est le seul pays capable d'entrainer un tel problème. Peut-être parce que c'est très « exotique ». Et si je vous disais qu'il existe un tel syndrome, mais qui touche certains Japonais (des dizaines chaque année) lorsqu'ils viennent en voyage à Paris « Le syndrome de Paris ».

Ces 2 syndromes et d'autres équivalents sont appelés « Syndrome du voyageur ».

Pourtant :

- Il s'agit d'adultes habituellement équilibrés.

- Ils sont venus volontairement dans le pays. Souvent avec impatience, après des mois, des années d'économie et de projets.

<u>Cela tient à plusieurs facteurs spécifiques du cerveau émotionnel :</u>

- Il n'aime que ce qu'il connait.
- Il mémorise via les sens.
- Il n'aime pas les surprises, car cela le met en état d'alerte.
- Il contrôle toute notre biologie (dont nos hormones). Et la logique, la raison, la recherche pour se contrôler ne peuvent rien contre cela.

Changement d'environnement, d'odeurs, de types de visages, de sons, et le voilà que notre cerveau émotionnel peut entrer en panique.

Je vais essayer d'illustrer mon propos :

Luc est un jeune homme de 24 ans et depuis son voyage de noce aux Philippines il ne va pas bien. Il est constamment inquiet, voire paniqué pour un rien, mal dans sa peau.

<u>Les faits :</u>

- **Luc n'était jamais sorti de Suisse. D'une famille modeste, il s'était consacré à ses études bancaires, et mis de côté son argent afin de s'installer et de faire un beau voyage de noce** avec Karine qu'il fréquentait depuis l'âge de 12 ans.

- Karine, elle, avait passé 2 fois 3 mois en Angleterre pour ses études de langue. Et plus jeune, elle avait voyagé un peu partout en Afrique avec ses parents, lors de vacances.

- Luc et Karine avaient programmé leur voyage aux Philippines depuis longtemps. Ils avaient regardé moult brochures et avaient opté pour un séjour plutôt chez l'habitant que dans des palaces impersonnels.

- Un couple ami avait décidé de faire le début du voyage avec eux.

- Au début du séjour, les 2 couples avaient fait chemin et hébergement commun. Puis était venu le temps où chaque couple avait suivi son propre parcours. Karine et Luc ayant choisi de se rendre sur une petite île quasiment déserte.

- C'est à ce moment-là que Luc mangea quelque chose qui déclencha chez lui une forme de dysenterie. Pas très grave, mais assez pour le fragiliser physiquement et surtout émotionnellement.

- Il commença à paniquer « Je suis loin de chez moi », « Pas d'hôpitaux que je connaisse », etc.

- Tout devint alors suspect : les gens, la nourriture, etc. Sans compter qu'il ne

comprenait pas bien la langue, etc.

- **Ils durent rentrer précipitamment en Suisse, non pas à cause des problèmes digestifs, mais parce que Luc s'enfonçait dans une forme de paranoïa de plus en plus.**

- **Une fois rentrée en Suisse. Son état physique fut rapidement réglé, mais émotionnellement, il demeurait fragilisé, même après plusieurs mois.**

Lorsque je rencontrais Luc, je compris rapidement où était le problème. Je le traitais en seulement 2 séances. Mais je lui conseillais ceci :

- Ne pas faire de voyage lointain au sein de civilisation très différente de la Suisse, avant un bon moment.

- Commencer à voyager hors de Suisse, mais lors de séjours assez courts et dans des conditions de confort important.

Il était nécessaire qu'il éduque progressivement son cerveau émotionnel à des changements sensoriels : de nourritures, de sons, d'odeurs, de coutumes, etc.

Pour Karine le problème ne s'était pas posé, car :

- Dès l'enfance, à travers les voyages en Afrique avec ses parents (contexte rassurant), son cerveau s'était habitué à d'autres types de sens.

- Ses 2 séjours en Angleterre lui avaient appris que même loin de ses parents, elle pouvait fonctionner en sécurité dans un contexte sensoriel différent.

Pour Luc cela avait fait trop d'un coup :

- Il n'était jamais sorti de Suisse. Ne s'était donc jamais confronté à des changements sensoriels répétés.

Le fait d'être malade fragilise toujours notre capacité d'adaptation au changement. Qui n'a jamais eu la tentation de retourner chez ses parents pour se mettre sous la couette avec un bon bol de soupe apporté par maman ? C'est un réflexe qui nous vient de la toute petite enfance, lorsque notre survie dépendait entièrement de notre mère (pour le cerveau émotionnel).

Et le pays étranger n'a pas besoin d'être aux antipodes, ni un pays sous-développé.

Lili a 20 ans et soufre d'anxiété chronique qui nécessite un traitement depuis 8 mois.

Les faits :

- **Lili a bénéficié du programme Erasmus afin de perfectionner sa connaissance de la langue espagnole.**

- **Elle était depuis plusieurs mois au centre de Barcelone dans une colocation avec 3 autres étudiants, et tout se passait bien.**

- **Elle avait trouvé un petit boulot de serveuse, et**

cela lui plaisait bien.

- **Et puis 2 des colocataires sont rentrés chez eux. 2 autres ont pris la place, mais ils étaient moins sympathiques. Alors avec la 3^{ème}colocataires, elles ont décidé de prendre une autre colocation juste à 2.**

- **Les choses se passaient bien, mais la colocataire de Lili a rencontré un bel espagnol, et par conséquent elle passait beaucoup moins de temps dans la colocation. Souvent Lili se retrouvait seule le soir, la nuit.**

- **C'est à ce moment-là qu'elle a attrapé la grippe. Et a appelé sa mère à la rescousse.**

- **Sa maman est venue pour quelques jours pour s'occuper d'elle. Puis elle est repartie en Suisse.**

- **C'est à ce moment-là que Lili a déclenché les attaques de paniques. Celles qui l'ont amenée à être hospitalisée d'abord à Barcelone puis en Suisse.**

On voit bien que c'est un enchainement de ruptures + l'affaiblissement par la maladie qui ont enclenché cet état de panique.

Une fois rentrée en Suisse, tout aurait pu revenir à son état initial. Ça n'a pas été le cas. Le circuit court de la peur étant enclenché. Et lorsqu'il a été enclenché, il ne peut pas revenir de lui-même à son état initial de lui-même. L'EPRTH™ peut l'y aider.

Le circuit court de la peur

L'apprentissage de la peur

Selon le modèle d'étude de LeDoux, sur des rats a démontré que si on soumet l'animal à un stress (par exemple une décharge électrique) en même temps qu'on fait entendre un son spécifique, il se fige. Au bout d'un certain nombre de répétitions de cette association son + décharge électrique, il suffit de faire retentir le son (sans la décharge électrique) pour voir le rat se figer instantanément.

<u>Ce comportement confirme 3 points</u> :

- La mémorisation de notre cerveau émotionnel (notre centre de survie) est bien sensorielle.
- Il suffit de rencontrer 1 des éléments sensoriels pour obtenir la même réaction de l'organisme.
- Une fois associé à un « risque » un paramètre sensoriel entrainera toujours une même réponse de stress.

<u>Cette méthodologie valide l'hypothèse du circuit de la peur puisque :</u>

- Si on lèse le cortex auditif ou l'hippocampe du rat après le conditionnement, la réponse à la peur est maintenue.
- En revanche, elle est éliminée si on lèse l'amygdale.

Les mécanismes de la peur

Qu'est-ce qui se passe lorsque nous avons peur ?

1) Une cascade d'hormones

L'amygdale demande à l'hypothalamus d'envoyer un message à l'hypophyse, laquelle met en jeu les glandes surrénales qui immédiatement vont secréter de l'adrénaline et de la noradrénaline, ainsi que d'autres hormones que l'on appelle glucocorticoïdes (notamment du cortisol). Tout l'organisme va se mettre en situation de combat ou de fuite :

- La tension artérielle s'élève,
- Le rythme cardiaque s'accélère et le sang afflue dans les muscles des membres,
- Les processus digestifs sont momentanément interrompus,
- Les récepteurs de la douleur sont réprimés,

Et cette situation "de crise" ne se désamorcera que lorsque le cerveau perçoit que le danger est passé, du moins lorsque le système est bien réglé.

2) Un mécanisme "abimé", "sensibilisé"

Normalement, dès que le danger est passé le système d'alarme de l'organisme se désactive et les taux d'hormones reviennent à la normale.

- "Si le système est bien réglé, il se déclenche et se met en veilleuse selon que l'organisme a ou non besoin de lui. C'est lorsqu'il ne fonctionne pas correctement que la réponse au stress commence à fomenter des troubles dans le cerveau, ainsi que dans d'autres parties de l'organisme." Dr Mc Ewen

L'hippocampe va calmer la réaction du système d'alerte. Il indique ainsi à l'organisme la quantité d'hormones d'urgence déjà présente dans le sang et donne au thalamus l'ordre d'endiguer la cascade.

- Mais si l'amygdale, qui est dépourvue de raison, ressent que le danger est toujours là, elle ordonne au thalamus de continuer à inonder l'organisme d'hormones.

Si la cascade d'hormones se prolonge, elle finit par affecter de nombreux facteurs physiologiques et pathologiques. Elle finit notamment par affecter la fonction de l'hippocampe/Amygdale.

Cet état d'excitation permanente, d'hypervigilance entraîne un stress aigu qui joue un rôle non négligeable dans :

- La dépression,
- Les phobies,
- TOC,
- Difficultés d'apprentissage,
- Trac,
- Manque de confiance en soi,
- Etc.

Ainsi que dans les problèmes "physiques" comme :

- L'hypertension,
- Douleurs récidivantes,
- Troubles digestifs,
- Trouble du sommeil,
- Les maladies cardiaques,
- Les maladies à composante immunitaire allant de la polyarthrite rhumatoïde aux infections virales et même le cancer.
- Etc.

Les circuits de la peur

Circuit normal de la peur

Traitement sensoriel ---> Thalamus ---> Cortex cérébral --> Hippocampe/Amygdale ---> **Réponse**

Circuit court de la peur

Traitement sensoriel ---> Thalamus ---> Hippocampe/Amygdale ---> **Réponse**

Trouble alimentaire

Exemple imagé :

1) Imaginons un enfant de 2 ans, assis dans sa chaise haute, installé dans la cuisine, pendant que maman prépare le déjeuner.

Tout à coup, maman met le feu à un torchon :

Elle crie, éteint rapidement le feu, se tourne rapidement vers l'enfant, il n pleure pas.

Cependant le cerveau émotionnel de l'enfant a enregistré les points sensoriels suivants :

- **Heure du déjeuner,**
- **Odeur de fumée, de brûlé, flammes (couleurs des flammes),**
- **Cris, sensation de danger**
- **La cuisine (couleur des murs, odeurs spécifiques du lieu), etc.**

Pourquoi n'a-t-il pas pleuré ? Peut-être s'est-il simplement figé (état de sidération).

2) Des années plus tard, alors qu'il est devenu un jeune adolescent. Il voit la « Tour infernale » à la télévision. Son cerveau émotionnel reconnait certains paramètres :

- **Les cris,**

- Les flammes et leurs couleurs.

À cet âge l'enfant sait qu'il s'agit d'une fiction, qu'il n'est pas directement en danger, et les acteurs non plus. Mais fragilisé par l'expérience précédente + les émotions de peur que génère un film d'action. Son cerveau émotionnel va renforcer le traumatisme précédent lié au feu.

3) Les années ont passé, avec certainement moult films et expériences personnelles contenant du feu, de la peur, etc., mais cette fois le danger est on ne peu plus réel. Il est dans sa chambre universitaire, il est midi, et un feu se déclenche dans la chambre voisine. L'incendie est rapidement maitrisé, cependant de nombreux sens ont été activés : odeur, cris, horaires, proximité, danger réel, etc.

À partir de là le circuit court de la peur est activé dans le cerveau émotionnel de l'individu. Et il ne pourra revenir à une perception normale par lui-même.

Qu'il rentre dans une salle où quelqu'un a fait bruler du papier, ou que simplement les chaises soient orange comme les flammes initiales, ou qu'il soit midi, etc. Et une cascade d'angoisses peut s'emparer de lui, sans qu'il soit nécessaire qu'il y ait un danger réel immédiat.

On voit bien ici qu'il n'est pas si facile de déterminer quel traumatisme a créé tel trouble.

- Ce n'est pas parce que vous souffrez de troubles sexuels que vous avez été forcément abusé.
- Ce n'est pas parce que vous souffrez de troubles alimentaires que c'est forcément de la faute de votre grand-mère qui faisait du cassoulet le dimanche ou de votre mère que vous avez toujours connu au régime. Ça peut être la source du problème ou pas du tout.

Alors, évitons les raccourcis, s'il vous plait, prodigués par certains « thérapeutes » qui vous sortent de leur chapeau des réponses toutes faites. **Chaque patient est un voyage, chaque cerveau émotionnel est particulier, et sa façon d'avoir encodé les traumatismes est unique.**

Marie est une jeune femme de 30 ans qui vient me consulter pour un trouble alimentaire. Elle souffre de boulimie et se fait vomir jusqu'à 4 fois par jour.

Cette pratique la maintient certes mince, mais l'acide digestif abime grandement son œsophage et ses dents sont très abimées. Et puis, elle est épuisée par ce comportement délétère qu'elle vit depuis plus de 10 ans.

Au bureau je remplis son dossier, et note qu'elle est d'une famille plutôt équilibrée, avec laquelle elle s'entend très bien, à tel point qu'elle vit dans un appartement situé dans le même immeuble, qu'elle a un frère jumeau, et que lorsqu'ils étaient petits, leur maman ne travaillait pas, afin de s'occuper de ses enfants à plein temps.

En accord avec le protocole EPRTH™, je ne fais pas

de diagnostic ni de suppositions :

Je me contente de traiter la dernière fois où elle a souffert de ce trouble, progressant et désensibilisant chaque micro instant :

- **Elle venait de déjeuner tranquillement, seule chez elle au salon sur sa table de salle à manger. La télévision diffusait les informations.**

- **Elle finissait son café quand tout à coup, elle fut prise d'une pulsion et se précipita dans la cuisine pour dévorer plusieurs paquets de biscuits.**

- **C'est à ce moment-là du traitement que tout à coup un souvenir revint brusquement et vivement à sa mémoire :**

- **Elle est petite (pense qu'elle a autour de 4 ans),**

- **Elle n'est pas chez elle, mais chez la voisine.**

- **Et la voisine donne une gifle à son frère.**

- **Cette scène fait jaillir chez la patiente beaucoup d'émotion que je désensibilisais au fur et à mesure, jusqu'à la fin de la consultation.**

Résultat de ce traitement :

- Après cette séance, non seulement la patiente n'a plus jamais souffert de boulimie.

- Elle me déclara même : « Avant quand je faisais mes courses au supermarché, cela me prenait beaucoup de temps. Il fallait que je lise encore et encore la composition des produits ». Maintenant je fais mes courses sans y penser.

- Elle qui était incapable de s'éloigner de ses parents et de son frère, a pris un travail à 1000 kms.

Pourquoi chez Marie une gifle, <u>à son frère</u>, a-t-elle entrainé un trouble digestif ? Pourquoi cette réponse ? On peut penser que peut-être c'était la sphère digestive qui était activée au moment du traumatisme. Peut-être la petite enfant qu'elle était mangeait-elle quelque chose à ce moment-là, ou était-elle en pleine digestion ? J'avoue que je ne peux pas répondre à cette question précisément, puisque cet élément sensoriel n'a pas été clairement relaté. Mais après tout ce qui compte, c'est que le traumatisme est remonté spontanément de lui-même, alors que nous évoquions le trouble du présent (ce qui se produit très souvent). Et que cela a permis de libérer la patiente rapidement et définitivement.

Est-ce que cela veut dire qu'une personne qui souffre de boulimie a forcément vu son frère prendre une gifle par la voisine ? Certainement pas.

Chez Marie c'était ce traumatisme qui était resté « coincé ». Chez une autre personne ce sera quelque chose de totalement différent, voire une accumulation de « mini » traumatismes, connus ou inconnus. **Chaque personne est un voyage.** Le praticien de santé EPRTH™ doit s'appliquer à suivre les méandres de ce voyage sans vouloir plaquer ses propres idées, et encore moins ses propres traumatismes connus ou inconnus.

Traiter un traumatisme connu

Bien qu'un trouble ne soit pas forcément dû à un traumatisme de la même catégorie, il est bien évident que lorsqu'un patient se présente avec un trouble persuadé qu'il sait d'où vient le problème, le praticien EPRTH™ va d'abord exploiter cette piste. Et il arrive que cela fonctionne particulièrement bien et rapidement.

Phobie des rats

Lorsque je consultais encore en cabinet, je disposais d'une salle de consultation à Londres, sur la prestigieuse Harley Street, fameusement connue pour ses praticiens réputés. Les personnes qui me consultaient étaient alors principalement des francophones installés dans la capitale britannique pour des raisons professionnelles et qui disposaient d'un très confortable niveau de vie.

C'est ainsi que j'ai reçu pour une première consultation Mathilde, une femme cultivée et charmante, d'une cinquantaine d'années, qui souffrait depuis pratiquement toujours d'une phobie des souris et des rats. On pourrait se dire qu'en haut d'un immeuble huppé, elle ne risquait pas de croiser beaucoup de rongeurs, mais lorsqu'on souffre d'une phobie, la raison, le raisonnement n'entre pas du tout dans la logique. De plus, Mathilde ne pouvait pas vivre, en permanence enfermée chez elle. Invitations, maison de campagne, vacances au bout du monde, même lorsqu'il s'agit d'hôtels de luxe, Mathilde passait son temps à sursauter, à quitter la table, à demander à son mari, à ses amis de traquer d'éventuels rongeurs qui se seraient faufilés sournoisement. Bref, la vie de Mathilde était un vrai calvaire.

Elle avait essayé tout ce qui peut se présenter comme méthode douce et moins douce : sophrologie, relaxation, EMDR, acuponcture, etc. Et malgré tous ses efforts, la

phobie ne cédait pas de terrain.

Pourtant Mathilde pensait savoir d'où le problème venait. Elle me décrit le traumatisme de la petite enfance sur lequel pourtant de nombreux thérapeutes avaient déjà travaillé : elle était très petite, environ 4 ans. Elle dormait, ses parents l'avaient réveillée en lui disant : « Viens on va te montrer une surprise. ». La gamine, encore embrumée de sommeil, avait suivi ses parents jusqu'à la cave, et là au milieu d'un panier de pommes s'agitaient de jeunes souriceaux, tout juste nés, peau plissée, aveugles. L'enfant s'était immédiatement mise à pleurer. Ses parents qui ne comprenaient pas la consolèrent et la ramenèrent dans sa chambre.

Sachant que d'autres thérapeutes (nombreux) avaient échoué, je ne promettais rien (d'ailleurs je ne le fais jamais), et m'appliquais à mettre la patiente en état de détente, puis j'évoquais les moments avant qu'elle ne s'endorme ce jour-là. Puis pas à pas, avec la technique spécifique de l'EPRTH™, j'évoquais toutes les étapes du traumatisme. Beaucoup d'émotion apparut. Ce qui confirma que les précédentes pratiques thérapeutiques n'avaient pas guéri grand-chose. Je m'appliquais à bien pacifier chaque émotion, avant de passer à la phase suivante, et ainsi jusqu'à la conclusion de la consultation.

Avant de nous quitter, Mathilde me confirma se sentir très bien « comme jamais ». Je devais donner une formation en France. Nous convenions de reprendre contact, si nécessaire, à mon retour. À ce stade, je ne

pouvais pas être certaine que nous avions résolu le problème de cette phobie. Mais j'allais bientôt recevoir des nouvelles surprenantes.

Alors que j'étais sur Lyon, où je venais de finir de donner cette formation, je reçus un message sur mon téléphone, avec une photo : Mathilde toute souriante, une souris blanche au creux de ses 2 mains jointes. Un message accompagnait cette photo : « À l'animalerie avec mon petit fils. Mes amies ont décidé de vous appeler Mrs Mouse. Merci. »

Sans interprétation, en désensibilisant patiemment chaque micro-instant du traumatisme, il est très facile et efficace de bien tout enlever des traces d'un traumatisme connu, avec le protocole EPRTH™. Du moment où celui-ci ne s'appuie pas sur un traumatisme ou des traumatismes plus anciens. Car alors, il faudra « nettoyer » chacun de ces traumatismes, pour obtenir une totale guérison.

Ce qu'on peut noter ici, c'est que ce qui n'aurait pas forcément donné lieu à une phobie si invalidante, si cette vision, cette proposition des parents de Mathilde, avait été faite dans le courant de la journée. Mais le fait qu'elle dormait, et qu'on l'avait réveillé juste pour la confronter à cette image traumatique a certainement grandement aggravé les choses.

En effet, le cerveau émotionnel est d'autant plus « blessé », impacté lorsque la surprise fait partie de l'équation. C'est pourquoi il ne faut en aucun cas annoncer une mort, un accident, ou une mauvaise nouvelle (si cela n'est pas absolument nécessaire de le faire à ce moment-là) à une personne, la nuit quand elle dort.

Quant aux personnes qui trouvent très drôle de faire peur, par surprise, à un enfant, ils font énormément de mal à cet enfant. Souvent c'est parce que l'enfant va sursauter, avant de rire en cascade. On pense alors que ça l'amuse. Ce n'est pas le cas. Ce rire n'est alors qu'un rire nerveux de décompensation. Les dégâts engendrés peuvent traumatiser la vie de cet enfant, en fragilisant tout son système nerveux pour la vie : trouble du sommeil, anxiété, TOC, phobies, etc. Finiront tôt ou tard par faire partie de sa vie.

C'est pourquoi une agression est toujours plus grave lorsqu'elle se produit dans un espace où habituellement vous vous sentez en sécurité : votre quartier, votre transport habituel, chez vous, etc.

Le cerveau émotionnel aime les habitudes. Cela lui permet d'être en détente, de mobiliser très peu d'énergie. Énergie dont il peut se servir pour la maintenance de la biologie.

Que survienne soudainement un événement traumatisant, et à partir de là il ne va plus parvenir, ou alors avec beaucoup de difficultés à faire confiance (à se détendre). S'en suit une sorte d'hypervigilance qui va peu à peu abimer tous les systèmes.

TOC de vérification

Lou est une petite fille de 10 ans. Elle m'est amenée par sa maman dans mon cabinet de Neuchâtel (Suisse).

Lou souffre de TOC de vérifications. Principalement des TOC de vérification de fermeture des portes (portière de voiture, porte d'entrée de la maison, du frigidaire, de sa chambre, des placards, etc.).

Sa maman me dit que cela est apparu, après qu'il y ait une tentative de cambriolage de leur appartement. Les faits :

- **C'était le soir, Lou et sa maman, étaient installée toutes les 2 sur le canapé du salon.**
- **Soudainement, un bruit fort les avait fait sursauter : quelqu'un essayait de forcer la porte de l'appartement.**
- **La maman de Lou s'était alors mise à crier : « Qu'est-ce que vous voulez ? je vais appeler la police ! Etc. ». Sa maman ne criait jamais, habituellement.**
- **Le cambrioleur avait cessé sa tentative d'intrusion. Elles entendirent qu'il dévalait les escaliers.**
- **La maman de Lou s'était alors précipitée à la fenêtre, et avec sa fille, elles avaient pu constater que l'homme s'enfuyait en courant dans la rue.**

- **Lou avait alors demandé à dormir avec sa mère. Ce qu'elle fit.**

- **Mais dès le lendemain Lou commença à vérifier d'abord que la porte de l'appartement était bien fermée, encore et encore. Puis peu à peu d'autres portes, fenêtre, tiroirs, etc.**

1 seule séance suffit à débarrasser Lou de ce problème de TOC. Sa maman me laissait un message sur mon mail le lendemain, pour me dire qu'à peine sortie de mon cabinet, Lou s'était installée sur le siège arrière de la voiture et s'était plongée dans son jeu vidéo, sans vérifier la fermeture de la portière. Et, une fois rentrée à l'appartement, elle s'était précipitée pour prendre son goûter, sans vérifier la fermeture de la porte d'entrée. Sa grand-mère qui était présente ce jour-là le remarqua. La mère de Lou lui indiqua qu'il ne fallait rien dire. Qu'il fallait faire comme si de rien. Ce qu'elle fit.

Le problème ne s'est jamais plus posé.

Est-ce qu'il est possible de guérir tous les TOC aussi rapidement ? Malheureusement Non. Plusieurs facteurs entrent en jeu :

- Pour Lou le traumatisme était unique.

- De plus Lou était une enfant. Les enfants sont très réceptifs à l'EPRTH™, pour les raisons suivantes :

- Il n'y a pas de nombreuses années que le traumatisme a eu lieu. En fait personnellement, je pense qu'il faudrait que tout enfant de 7 ans bénéficie d'une consultation EPRTH™, afin de le « nettoyer » des éventuels traumatismes de toutes ces premières fois : conception, naissance, première alimentation, entrée à la crèche, première séparation de la mère, première entrée à l'école, etc. Une seule consultation suffirait, et cela éviterait qu'il ne se construise en fonction d'éventuels instants traumatiques ; quel bénéfice pour sa vie à venir !

- Ça va vite, et les enfants ne sont pas obligés de se raconter trop longtemps. Ils comprennent vite le processus qui est simple et répétitif.

- Ils sont plus dans l'émotionnel, n'ont pas tendance à tout « rationaliser » comme le font les adultes. Si on leur dit quoi faire (ouvrir, fermer les yeux, dire ce qu'ils ressentent). Ils le font.

Il arrive cependant que, comme pour un adulte, un traumatisme récent qui a entrainé le problème actuel, ait pris sa source très loin dans la vie de l'enfant, puis s'est cumulé avec d'autres traumatismes.

Surdité soudaine

Jade est une petite fille de 6 ans. Depuis plus d'un an elle est totalement sourde d'une oreille. Elle a été vue de nombreuses fois par des spécialistes ORL, et la surdité est avérée, bien qu'il ne semble pas y avoir de lésions internes à l'oreille.

Sa maman l'a amenée sans trop y croire, sur les conseils d'une voisine.

Je remplis le dossier en présence de la maman, et j'apprends que Jade est une petite fille adoptée à l'âge de 3 mois dans un orphelinat du bout du monde. Et que depuis 18 mois la fratrie s'est agrandie par l'arrivée d'une seconde petite fille, adoptée, elle aussi dans le même orphelinat, mais à l'âge de 1 an.

Le dossier rempli, je demande à la maman de sortir et d'attendre l'enfant dans la salle d'attente.

Je commence le traitement par le ressenti de l'enfant, dans le présent, face à cette surdité, puis en remontant le temps pour ce que j'identifiais comme potentiellement traumatique, abandon à la naissance, l'orphelinat, l'adoption, l'arrivée de l'autre enfant, etc.

Nous avions convenu avec Jade, dès le début d'une convention de marquage de la surdité par l'ouverture plus ou moins grande de mes mains, afin de ne pas compliquer les choses avec des notes, et autres chiffres pas forcément quantifiables pour une enfant de cet âge.

Au fur et à mesure de la pacification des traumatismes Jade écartait mes mains m'indiquant ainsi que l'audition revenait progressivement, et cela jusqu'à une audition complète.

En trois quarts d'heure l'enfant avait totalement récupéré son ouïe. Ce qui fut attesté par la suite par le médecin ORL en charge de l'enfant.

Que s'était-il passé ?

- Bien que très jeune lors de son passage à l'orphelinat, Jade avait « enregistré » les paramètres sensoriels de l'expérience, notamment les cris et hurlements des autres enfants.

- Lorsque sa petite sœur était arrivée dans leur famille, des nuits entières, elle avait hurlé. Ce qui avait réactivé le traumatisme de l'orphelinat et vraisemblablement de l'abandon par la mère biologique. Dans un même temps, un soir les parents s'étaient disputés, ce qui n'était pas leur habitude.

- Dans son lit, couchée sur le côté, Jade avait « fermé » l'ouïe de l'oreille qui n'était pas en contact avec l'oreiller, afin de se préserver de ces rappels de traumatismes. En pacifiant la dimension émotionnelle de chaque traumatisme, la connexion a pu être rétablie.

Est-ce qu'un tel « miracle » peut être assuré à tous les coups ? NON.

Pourquoi ?

- L'âge de l'enfant entrait en ligne de compte. Les enfants ont une grande capacité de régénération que nombre d'adultes n'ont plus.

- La perte de l'audition était relativement récente (18 mois), ce qui facilitait les choses.

Un monsieur qui avait perdu l'usage d'une de ses oreilles il y avait plus de 25 ans, suite à un enchainement de traumatismes, et qui m'avait été envoyé suite à la guérison de Jade, n'a pas pu obtenir le même résultat. Il a juste ressenti une chaleur qui coulait dans le fond de son oreille et un craquement.

Pourquoi ?

- Parce que la nature est bien faite, et qu'il y a toujours recherche d'une économie de moyens. Si des neurones qui devraient être affectés à l'audition, mais qui ne servent plus, sont disponibles, au bout d'un moment, ils sont affectés à une autre tâche.

- Après avoir désensibilisé tous les traumatismes, le fait que ce patient a pu ressenti certaines choses au niveau interne de son oreille pouvait laisser penser que peut-être, en stimulant quotidiennement cette oreille, il aurait pu récupérer la fonction. Je lui conseillais de, chaque jour, pendant 10 minutes, de se boucher l'oreille valide et de mettre une musique qu'il aimait, afin de

« donner l'ordre » à son oreille lésée de mobiliser à nouveau les bons neurones. Cela aurait-il permis de récupérer la fonction ? Je ne sais pas. Mais peut-être qu'avec de la persévérance, comme on le fait pour une personne ayant eu un AVC, Il aurait pu récupérer tout ou partie de son audition. L'a-t-il fait ? je ne sais pas, car je ne l'ai plus revu. Mais je pense que cela aurait pu se tenter.

Traumatisme et culpabilité

Il arrive parfois qu'une personne se présente en ayant bien cerné quel traumatisme est à l'origine du problème. Cependant, se contenter de traiter uniquement le traumatisme ne peut pas permettre de guérir le patient.

C'est notamment le cas lors du deuil d'un proche. Car c'est parfois non pas le deuil (apprendre la mort du proche, le fait de le voir ou pas, de le toucher, la cérémonie, l'ensevelissement ou la crémation), mais les conséquences du deuil qui ont le plus impacter la personne. Il faut alors que le praticien s'assure bien de traiter également les conséquences de ce deuil. :

- Perte de sa place dans la famille, au sein de la fratrie
- Problèmes de répartition de l'héritage,
- Libération de secrets de famille, etc.

Sans compter que cela peut également être dû à la culpabilité. La culpabilité peut parfois faire de gros dégât. Or, bien souvent, justement parce qu'il se sent coupable, le patient n'avoue pas sa culpabilité, même à son praticien.

Viols et culpabilité

Solange est une jeune femme de 35 ans qui vit une existence de souffrance, tant physique que morale. Son traumatisme, elle le connaît : à 18 ans elle a été violée par l'homme de ménage qui travaillait dans l'école d'infirmière où elle suivait ses études :

- Chaque fois qu'elle le croisait dans les couloirs de l'école, elle n'était pas trop à l'aise. Mais elle lui souriait quand même, et se montrait aimable. Car il était d'origine algérienne, et elle ne voulait pas penser que c'était parce que c'était un étranger. Elle se faisait la morale.

- Lorsque celui-ci l'avait invité à venir manger le couscous préparé par sa femme. Elle n'avait pas osé refuser. (Bien que toute son âme lui disait de ne pas y aller.) Toujours pour ne pas faire de différence « raciste ».

- Mais comme elle n'était pas tout de même très rassurée, elle avait demandé à une de ses amies élèves dans la même école, de l'accompagner.

- Le jour même, l'amie l'avait appelée pour annuler, car son fiancé l'avait invité au dernier moment.

- Toujours pour ne pas vexer cet homme de ménage, bien que son instinct lui disait d'annuler le repas, elle s'était rendue à l'appartement. Elle

se disait que cela ne serait pas bien de faire ça à cette femme qui avait dû cuisiner depuis le matin pour elle.

- **Quand elle était arrivée dans l'immeuble, puis devant la porte de l'appartement, son odorat la prévint encore : aucune odeur de couscous ou de toute autre nourriture. Mais toujours portée par ses « bonnes intentions », elle sonna à la porte.**

- **Mais, sitôt la porte franchie, son instinct lui prouva qu'il avait raison :**

- **3 jours et 3 nuits c'est le temps que dura son calvaire, attachée nue à un lit, elle fut violée, encore et encore, par cet homme qui la menaçait de son couteau.**

- **Elle ne dû sa survie que parce qu'elle sauta du 2e étage, nue, alors qu'il l'avait conduite aux toilettes.**

Bien tendu le traitement du traumatisme a été d'un grand secours, mais ce n'est que lorsqu'on a désensibilisé toutes ces alertes instinctives (avant), celles qu'elle n'avait pas voulu ou pas pu écouter que la guérison a été possible. Car elle a pu se pardonner, et donc cesser de se punir.

Notre instinct nous informe bien plus souvent que nous ne le pensons.

D'ailleurs, je dis souvent : « Si, lorsque vous rencontrez une personne pour la toute première fois, et que quelque chose vous déplait chez cette personne, passez votre chemin. Peut-être qu'en vous faisant la morale, en faisant des efforts, vous parviendrez à fonctionner avec cette personne, voir même à devenir « anis ». Mais tôt ou tard… ». Il en est de même des lieux, ou de tout autre choix. Faites-vous confiance. Cela n'a pas besoin d'être rationnel (Cortex) pour être juste <u>pour vous</u>.

Bien entendu, tout ne tournera pas aussi mal que ce qui est arrivé à Solange, fort heureusement. Mais votre instinct (votre inconscient) n'est pas à négliger.

Viol et orgasme

La culpabilité est parfois tout à fait inavouable, car « honteuse ».

Lucie est une femme de 55 ans. Son traumatisme : un viol récent.

- **Lucie a depuis ce viol, outre des cauchemars récurrents, une difficulté à avoir des rapports sexuels avec son mari, une grande tristesse qui s'accompagne de grandes bouffées de désespoir qui lui donne envie de mourir.**
- **Fort heureusement, elle est entourée d'une famille aimante. Ce qui pour l'instant l'a « empêchée » de passer à l'acte.**
- **Je commençais donc le traitement, repartant d'avant le traumatisme, puis pas à pas à travers le traumatisme.**
- **Il y eu beaucoup de cris, de peurs, et de sanglots, mais nous arrivâmes à sortir de tout cela au cours d'une seule séance.**
- **Je lui donnais cependant un second rendez-vous, afin de vérifier que nous avions bien tout pacifié.**
- **Lors du second rendez-vous, Lucie me confirma que ça allait beaucoup mieux. Que même si pour l'instant, elle ne pouvait toujours pas accepter les caresses de son mari, elle n'avait plus de**

bouffée de désespoir.

- **Je décidais de reprendre le traitement du traumatisme depuis le début. Généralement lorsqu'on a traité un traumatisme en EPRTH™ tous les troubles associés doivent avoir disparu. Le fait qu'il subsiste un blocage ne pouvait dire que 2 choses : soit nous n'avions pas traité suffisamment tous les paramètres sensoriels et émotionnels de ce traumatisme, soit il réactivait un traumatisme plus ancien qui ne s'était pas encore révélé. Quoi qu'il en soit, que ce soit l'une ou l'autre des raisons, il me fallait repasser pas à pas toutes les circonstances du traumatisme.**

- **Au début du traitement, il n'y avait plus aucune émotion associée. Ce qui confirmait que le traitement EPRTH™ avait bien fait son travail.**

- **Mais, alors que le viol était pratiquement terminé, ma patiente fut subitement prise de tremblements et de nausées.**

- **Je lui posais une question : « Avez-vous eu un orgasme ? ».**

- **La patiente ouvrit subitement les yeux et me rétorqua : « mais pour qui me prenez-vous ? Je ne suis pas une perverse ! ».**

- **Je lui répondis immédiatement qu'avoir un orgasme lors d'un viol n'est pas une question de perversité, mais uniquement d'un réflexe mécanique dû au frottement qui stimule une**

zone érogène. Et que cela est très, très fréquent.

- **On ne peut pas décider (cortex/zone de la volonté) d'avoir un orgasme.**
- **L'orgasme est une réaction réflex, comme l'est un clignement d'œil si on prend une goutte de citron dans l'œil.**
- **La patiente accepta l'explication, et nous pûmes retirer la totalité du traumatisme. Ce qui lui permit de reprendre une activité sexuelle « normale » avec son mari.**

Je regrette qu'on n'informe pas assez les femmes sur ce réflexe biologique, les condamnant ainsi à vivre cette honte qui impactera énormément leur vie sexuelle future, ainsi que l'image qu'elles ont d'elle-même. Cela est également la même chose lorsqu'il s'agit d'un homme violé.

Ma patiente m'informa ensuite qu'elle éprouvait d'autant plus de honte qu'elle n'avait jamais eu d'orgasme avec son mari que pourtant elle aimait. Ce qui n'est pas surprenant. Bien souvent la femme qui veut (cortex=volonté) jouir au cours de l'acte sexuel avec son partenaire aimé n'y parviendra pas. Justement parce que l'orgasme ne peut pas être un acte volontaire. Et que par conséquent toute cette « volonté », cette concentration nuit totalement à la fonction réflexe.

C'est également pourquoi l'abus sexuel vécu par un jeune enfant impactera toute sa vie sexuelle à venir. Pourquoi ?

- C'est lorsqu'il rencontre pour la première fois une situation que le cerveau émotionnel va la catégoriser comme LA référence. Référence qu'il va alors s'appliquer à confirmer lorsque cette situation se représentera, soit dans sa totalité, soit sous une partie des sens enregistrés lors de la première confrontation, y compris à travers des fantasmes ou des fictions.

- Ainsi, lorsqu'un enfant, immature sexuellement est conforté malgré lui à : sexualité + Violence + orgasme (puisque réflexe). Son cerveau émotionnel va, très souvent, faire le raccourci suivant : plaisir = sexe + violence. Rendant ainsi la survenue du plaisir hors de la contrainte, impossible.

Les mots plus traumatisants que les coups

Implicitement, Lucie qui n'avait pas été informée sur la dimension réflexe de l'orgasme, s'était servie et resservie en boucle une culpabilité accompagnée de mots tels que « perverse », « dégoutante », etc.

Et cela était d'autant plus dommageable que les mots sont porteurs d'une charge émotionnelle qui est tout à la fois commune à tous les humains partageant la même langue, mais aussi très individuelle, en fonction de l'expérience rencontrée lors de la première confrontation à ce mot au cours de notre histoire personnelle :

<u>Exemple :</u>

- Si la première fois que j'ai rencontré le mot « chaud » c'était sur la plage entourée de mes parents bienveillants. Ce mot est à la fois chargé de sécurité, de chaleur, d'odeur de plage et d'ambre solaire, etc.

- Si par contre la première fois où j'ai rencontré le mot « chaud », c'était lorsqu'alors j'apprenais à marcher et que je m'étais raccroché au radiateur du salon, me brulant l'intérieur des mains. Pour moi le mot « chaud » est alors chargé de : douleur, chaleur, hurlement de maman, odeur de crème contre les brûlures, etc.

On voit bien ici que la communication verbale est donc forcément sujette à caution. Notre communication verbale étant forcément incomplète. Et finalement, si nous nous comprenons entre humains, c'est surtout, de façon inconsciente, à travers la communication non verbale (le ressenti). *

*petite parenthèse : Comme exemple de l'utilisation des mots qui peuvent être contre-productifs, je reste sur la réserve en ce qui concerne l'expression « Perdre du poids ». En effet « perdre » est généralement connotée de souffrance, de perte : perdre un ami, perdre un proche, perdre ses clefs, perdre de l'argent, perdre son travail, etc.

J'ai fini par remarquer que cette expression très banale « perdre du poids » est un frein, non négligeable, à la minceur. Comme si toute la biologie cherchait à protéger la personne de cette « souffrance » (n'oubliez pas que le cerveau émotionnel n'est pas intelligent, mais seulement perfectionné). J'ai pu permettre à des patients(es) une amélioration sur leurs comportements alimentaires et l'amincissement en leur demandant simplement de bannir définitivement l'expression « perdre du poids » de leur vocabulaire, pour la remplacer par « mincir ».

Intéressant n'est-ce pas ?

Petit conseil : Prenez une journée pour voir quels sont les « ordres » inconscients que vous vous infligez, tels que « Quelle nouille ! », « Je suis vraiment trop bête », « À tous les coups je vais encore arriver en retard. », « ça serait trop beau ! », « Je ne vais pas y arriver ! », etc.

Vous serez surpris de constater combien vous vous infliger, jour après jour, tous ces ordres épouvantables, et combien cela nuit à votre bonheur, votre réussite, et votre confiance en vous.

Cette précision étant faite, voyons ensemble lorsque les mots servent de renforcement au traumatisme.

Mère qui n'aime pas son enfant

Gérard est un homme de 45 ans, entrepreneur, divorcé 2 fois. Il présente un grand manque de confiance en lui qui le plonge dans un état dépressif dont il sort et replonge par cycles, depuis toujours, et qui ne serait pas étranger à ses 2 divorces.

C'est pourtant un entrepreneur de talent, mais qui semble ne pas parvenir à jouir de ses réussites.

Lorsque je le reçois pour la première fois, je commence, comme toujours par remplir avec lui le dossier. Je note ceci :

- **Avant d'être enceinte de lui, sa mère a perdu un bébé, alors qu'elle était à 7 mois de gestation.**

Cette information était primordiale. Je compris que sa mère avait :

- **Au mieux, posé sur lui un regard d'indifférence.**
- **Au pire, l'avait maltraité.**

C'était la première solution qui était apparue, indifférence, accompagnée d'agacements divers et de réflexions blessantes, culpabilisantes. Seulement pour lui, jamais pour ses sœurs aînées.

Or ces phrases répétées encore et encore avaient forcé chez Gérard une image négative de lui-même. Car n'oublions pas que :

- **De 0 à 3 ans la personne qui compte c'est maman : sa fonction est de transmettre à l'enfant qu'il vit en dehors d'elle et qu'il a une valeur.**
- **De 3 à 7 ans la personne qui compte c'est papa qui doit transmettre à l'enfant qu'elle est sa place dans le monde et comment le monde le reçoit.**

Lorsque les paroles de la mère dans les jeunes années de la vie de l'individu sont culpabilisantes, négatives, paroles souvent accompagnées d'une attitude de rejet, cela crée un stress chez le bébé → cette personne n'aura pas un égo suffisant pour pouvoir jouir de ses réalisations. Quelles que soient ses aptitudes, ses réalisations, cette personne se sentira nulle.

Or cette attitude de la mère ne signifie pas que c'est une mauvaise personne, mais juste que cette mère n'avait pas produit assez d'ocytocine.

Pourquoi la maman de Gérard n'avait pas produit suffisamment d'ocytocine, et quel rapport avec la fausse couche juste avant sa naissance ?

Lorsqu'une maman est confrontée au décès de son bébé, que ce soit un bébé mort-né, un bébé mort intra-utérin, un bébé victime de la mort du nourrisson, voire même lorsqu'il y a eu interruption volontaire de grossesse (parfois, mais plus souvent lorsqu'il s'agit d'une IVG tardive, voire médicalement recommandée), elle plonge dans un état de souffrance, voire de dépression.

Le cerveau émotionnel fait alors le rapprochement suivant : production d'ocytocine = souffrance, dépression (voire une envie de mort). Ce qui aura pour conséquence d'entrainer une moindre production d'ocytocine lors de la grossesse suivante.

Or si une mère « aime » son enfant, au-delà de tout y compris elle-même, ce n'est pas parce qu'elle est une bonne personne, une bonne mère, mais bien parce qu'elle est littéralement « shootée » à l'ocytocine, l'hormone de l'attachement.

Cette hormone est la substance qui nous pousse à « aimer ». Lorsqu'une femme entre en grossesse, son niveau d'ocytocine va augmenter tout au cours de la grossesse, jusqu'au bouquet final qui va provoquer l'accouchement, puis va permettre la production et l'éjection du lait maternel.

C'est grâce à cette hormone ocytocine que la jeune mère va patauger, sans broncher, au milieu des excréments, des régurgitations, etc. de son nouveau-né. C'est à cause d'elle que les jeunes parents vous abreuvent de photos de leur petit dernier, le trouvant plus beau que tout, même lorsque celui-ci n'est objectivement pas terrible : chauve, sans dent, et avec l'affreux tarin du grand-père…

La Nature est bien faite, elle a mis en place cette « drogue » naturelle dans le sang de la jeune mère afin qu'en période de disette, Madame Cro-Magnon ne fasse pas rôtir le petit dernier. Item pour toutes les mères du règne animal, des mammifères.

La maman de Gérard, victime de la perte d'un bébé avait souffert de cette carence en ocytocine. Quand Gérard était né, elle n'était pas arrivée à l'aimer, et en avait culpabilisé. Mais n'ayant rencontré aucun professionnel qui aurait pu la renseigner utilement sur ce qui se passait en elle, voire à la supplémenter, elle avait voulu se trouver des « excuses ». Et « l'excuse » la plus facile était que cela était de la faute de Gérard. C'est ainsi que Gérard avait grandi bercé par ces reproches incessants : « Tu n'étais pas un bébé facile », « J'aurais dû arrêter après 2 enfants », etc.. Tout cela en plus d'une grande indifférence avec une grande tendance à le repousser (pas de câlins, pas de consolation, pas de compliments).

Ainsi Gérard n'avait-il pas pu construire un égo qui lui aurait permis de jouir de ces réalisations, d'être fier de lui et de ses capacités. Et peu importe qu'autour de lui ont lui faisait des compliments. Lorsqu'une personne n'a pas pu construire son égo de façon positive et harmonieuse, <u>il ne peut pas</u> profiter de ces compliments, et cela pour la vie. Du moins tant qu'il n'aura pas :

- Été enseigné sur le processus de la construction de l'égo.
- Libéré des souffrances de son enfance frustrée, carencée.

- Et enseigné d'un exercice particulier à l'EPRTH™, et qui permet de construire un égo, même à l'âge adulte.

C'est ce que je me suis appliqué à mettre en place, grâce à l'EPRTH™, avec Gérard. Cela nous a pris 5 mois, à raison d'une consultation toutes les 3 semaines, pour le libérer de ses souffrances, et lui construire un égo suffisamment solide pour qu'il ait confiance en lui de façon durable.

Note : J'ai noté que nombre d'artistes présentent une carence importante de l'égo. On pourrait penser le contraire, mais tel est le cas. Mais c'est ce qui permet de mieux comprendre pourquoi un artiste qui réussit dans son art de façon spectaculaire peut sombrer dans une forte dépression. C'est en effet le trop grand décalage entre le ressenti de l'artiste vis-à-vis de sa production et l'encensement, qui vient des autres, qui amène à cet effondrement intérieur.

Si vous êtes artiste vous-même et que vous lisez ces mots, sachez qu'une solution existe, sans médicaments (ou avec s'ils vous ont été prescrits par votre médecin).

Et si vous n'êtes pas vous-même artiste, mais que vous ne compreniez pas pourquoi tels chanteur, acteur, peintre, etc. qui à priori « avait tout pour être heureux », et pourtant avait sombré dans une dépression terrible au point, parfois, de vouloir se suicider. Vous le savez à présent : Il ne suffit pas de réussir pour être capable de jouir de sa réussite. Un égo fragile (que cela fasse suite à une carence en ocytocine de la mère ou pas) ne peut pas se réparer, se booster de façon volontaire. Il faut un travail thérapeutique pour cela.

Le traumatisme d'un événement « heureux »

On imagine souvent qu'un traumatisme, et les conséquences qui s'en suivent proviennent forcément d'un épisode désastreux. Et pourtant ce n'est pas toujours le cas.

Traumatisme et déménagement

Luc est un garçon de 11 ans qui ne va pas bien depuis près d'un an.

Triste, insomniaque, il a également développé différents symptômes digestifs allergiques qui obligent à de nombreuses consultations à l'hôpital.

Lors de la première consultation, je questionne sa mère qui l'accompagne. Sachant que je ne garde généralement l'accompagnant que le temps de remplir le dossier, avant de lui demander de ma laisser seule avec l'enfant (même si celui-ci est petit).

Je demande donc à la maman s'il y a eu un traumatisme dans les semaines, les mois précédant le début des symptômes : deuil, agression, harcèlement, etc.

Elle me répond que non, rien n'explique l'apparition soudaine de ces troubles. Cependant, je pousse un peu plus loin la conversation, et c'est ainsi que j'appris qu'ils avaient déménagé. Mais s'empressa-t-elle de poursuivre : « Mais c'était pour le mieux. Avant, on vivait dans un petit HLM bruyant et pas toujours très propre, les 3 enfants dormaient dans la même chambre. À présent chacun a sa chambre, on vit dans une belle maison et on a un jardin. Et il n'a pas eu à quitter son école. »

Il ne m'en fallait pas plus, en 3 séances, les différents

troubles de Luc avaient disparu. Car j'en profitais pour traiter tous les traumatismes y compris la vie intra-utérine et la naissance.

Que s'était-il passé ?

- Le cerveau émotionnel n'aime que ce qu'il connait, ne veut que ce qu'il connait.
- Quand on change de lieu, il perd ses repères sensoriels (odeurs, son, etc.). Et ça ne lui plait pas. Ça le traumatise. Ça crée un stress bien au-delà de toute raison.

Il fallait traiter ce changement de lieu, ce déménagement comme on le ferait pour un viol, une agression. Afin que le cerveau émotionnel de Luc accepte ces nouveaux paramètres sensoriels.

Je notais, au passage, que l'hôpital où tous ces troubles l'obligeaient à se rendre était justement dans son ancien quartier, à vue de son ancien immeuble.

Ainsi « déménager » même quand c'est volontaire, accueilli objectivement de façon positive par l'ensemble de la famille, peut entrainer une période de malaise, voire une réelle entrée en maladie.

Note : Il arrive que pour des raisons pratiques, les parents décident d'envoyer l'enfant en vacances chez un tiers (grands-parents, oncle tante, colonie de vacances, etc.), el temps du déménagement. Le résultat, le traumatisme est toujours encore plus important. Pourquoi ?

- Lorsque l'enfant par chez le tiers. Il part depuis son ancien logement (chez lui, chez nous).

- Quand il revient, il ne revient pas « chez lui », mais ailleurs. C'est un peu comme un travail de deuil qui ne pourrait pas se faire.

J'ai eu de nombreux cas à traiter ayant cette origine comme traumatisme, des enfants, des adolescents, et également beaucoup d'adultes.

Je me rappelle notamment de cette jeune femme qui souffrait de troubles anxieux depuis l'adolescence. Des troubles qui prenaient racine suite à un déménagement, alors qu'elle était en colonie de vacances. Ce qui était amusant c'était que la citée d'où elle était partie s'appelait « les capucines », et qu'elle avait nommé sa chatte de ce même nom, sans même y faire attention.

Je la traitais assez rapidement de ses différents troubles, et lui conseillais de retourner dans cet immeuble, pour refaire en conscience le chemin qui la séparait d'abord de chez ses parents, puis de chez ses parents à chez elles.

Cette ancienne adresse n'était qu'à une cinquantaine de kilomètres, elle fit ce « pèlerinage » en quelques heures seulement. Mais me rapporta que cela lui fit du bien, bien au-delà de ce qu'elle aurait pensé. Elle me dit : « c'est comme si à présent je me sentais vraiment là. »

Expatriation, partir au loin

En Suisse, 50% de la population est étrangère. Nombre de ces personnes ont donc vécu des expatriations, et donc des changements très importants au niveau de leurs références sensorielles : nourriture, langue, climat, culture, etc.

Ces personnes vivent paisiblement en Suisse, elles se sont intégrées dans la société helvétique. Elles s'y sentent chez elles, et pourtant certaines développent des troubles qui relèvent du stress post-traumatique.

Dans la région où j'exerçais, c'était souvent des personnes d'origine espagnole, portugaise ou encore italienne dont les parents avaient émigré, avec leur famille, dans les années 60, souvent pour travailler dans l'horlogerie.

Et j'ai très souvent eu le privilège de les accompagner pour sortir de leurs troubles grâce à l'EPRTH™.

Mais ce n'est pas cet exemple que je vais choisir de vous parler ici.

Traumatisme et rhume des foins

Marcel est un praticien de santé d'une bonne soixantaine d'années que je rencontre à l'occasion d'une formation que je donne en EPRTH™.

Marcel souffre depuis des années de ce qu'il appelle « mon rhume des foins ». Rhume soi-disant allergique dont il souffre quasiment toute l'année.

Or les allergies saisonnières sont par définition « saisonnières ».

Je le questionnais donc afin de déterminer avec lui depuis quand ce trouble était apparu dans sa vie. Il me répondit « depuis toujours ». Un grand classique.

Je le questionnais alors sur son parcours de vie, et c'est là que j'appris qu'il était né en Algérie et qu'au moment de la guerre d'Algérie ses parents « pieds noirs » d'origine française avaient pris le bateau pour rentrer en France.

Je décidais de le ramener avant que la décision soit prise par la famille de rentrer en France, puis je désensibilisais tous les micro-événements : montée sur le bateau, traversée, arrivée à Marseille, installation de fortune sur Marseille, etc.

Tout au long de la séance son nez coula comme une fontaine, des dizaines de mouchoirs en papier furent remplis, mais à la fin de la séance plus rien. Et il n'eut

plus jamais de « rhume des foins ».

Que s'était-il passé ?

- Le cerveau émotionnel n'aime que ce qu'il connait. Il ne veut que ce qu'il connait.
- Son cerveau émotionnel n'avait pas voulu sentir ces nouvelles odeurs de la France. Avec ce « Rhume des foins », il lui bouchait le nez.
- Dès que la mise en cohérence de son cerveau émotionnel et de son cortex (la conscience que sa vie était heureuse en France) fut terminée, grâce à l'EPRTH™, il ne fut plus nécessaire que son nez se bouche. Il pouvait respirer les odeurs environnantes sans danger.
- Bien des années après ce traitement, je suis toujours en contact avec Marcel, et ce « rhume des foins » n'est jamais revenu.

Cela veut-il dire que toutes les personnes souffrant d'un rhume des foins souffrent d'un stress post-traumatique ? Je ne peux pas vous le dire. Chaque histoire est différente, chaque personne est un voyage.

Et c'est là une des vraies particularités de l'EPRTH™ :

La technique est toujours la même, mais le traitement est toujours différent.

Quand les mots créés les maux

Comme nous l'avons vu ensemble, le langage articulé a son siège principal dans le Cortex (cerveau intelligent, volontaire), mais comme nous l'avons vu également, est accolée à chaque mot une émotion qui correspond à la première fois où nous avons rencontré ce mot.

Ainsi si la première fois où j'ai rencontré le mot « chaud » il était en présence de la douleur, et qu'une autre personne a rencontré ce même mot « chaud », pour la première fois, lors d'un moment de plaisir, de joie, lorsque ce mot surgit dans une conversation, il ne revêtira pas la même émotion pour chacun d'entre nous.

Alors qu'en est-il de ces mots qui sont dits et répétés, souvent de façon banale, voire sous forme de blague, par les parents, grands-parents, frères et sœurs, ou certains encadrants : enseignant, nounou, etc. ?

Les conséquences sont immenses. Et j'ai eu de nombreuses fois à « déconstruire » des images sclérosantes subies par des personnes qui trimbalait des boulets suite à des surnoms dégradants tels que : p'tite bitte, ma crotte, miss catastrophe, bon à nibe, etc.

Je voudrais également mettre l'accent sur certaines annotations issues de la période scolaire et qui cause de gros dégâts sur la personnalité de certains enfants, puis sur les adultes qu'ils deviennent ensuite. Difficile de les citer toutes, alors je ne parlerai que de la fameuse annotation :

« Peut mieux faire ».

S'il me semble que pour un adulte elle peut être prise de façon positive : A de belles qualités et des capacités qui ne demandent qu'à être mobilisées.

Elle est souvent perçue par l'enfant de la façon suivante :

- Paresseux
- Doit faire mieux (sans préciser quoi).

Or un enfant va à l'école sans avoir une réelle conscience de ce que signifie « l'avenir ». D'ailleurs jamais personne ne prend le temps d'expliquer concrètement, et selon son niveau de conscience, en quoi l'école, la scolarité, les diplômes peuvent être intéressants pour lui (ou elle). On se contente de lui dire « C'est pour ton avenir », « Tu verras plus tard », « Moi à ton âge », « Si j'avais su », ce qui ne veut absolument rien dire pour un enfant, puisqu'il ne l'a pas déjà vécu. Le mot « Avenir » devient alors seulement un mot angoissant, source de stress, source de contraintes, dont on a peur, qu'on redoute.

Vous n'imaginez pas le nombre d'enfants que des parents inquiets amènent en consultation parce que leur enfant a des difficultés scolaires et qui n'auront besoin que d'une seule consultation en EPRTH™ pour lever les blocages (hors problèmes de harcèlement). Tout cela parce qu'en EPRTH™ on prend toujours la peine de s'informer auprès de l'enfant s'il a bien assimilé à quoi pourrait lui servir l'école, et ce que signifie concrètement le mot « Avenir », avant de traiter ses blocages.

C'est évident, et pourtant très peu y pensent.

Alors imaginez ce que ressent un enfant qui est là, sans grand plaisir, parce que ses parents le veulent, qui se lèvent tôt, alors qu'il préfèrerait dormir, qui fait de son mieux, sans toutefois totalement satisfaire ses parents, les enseignants, qui subit les « camarades », etc. et à qui, malgré tous ses efforts, on assène un « Peut mieux faire ».

Il est découragé, ses sent nul, sans savoir pourquoi ni comment faire. Et ce sentiment sur lui-même pourra le poursuivre tout au long de sa vie. Et cela d'autant plus lorsqu'il aura eu un père « défaillant ». C'est-à-dire qui ne saura pas lui répéter encore et encore : « Je suis fière de toi. », « J'ai confiance en toi. »

Or des pères « défaillants* » sont légion :

- Père absent après un divorce, un décès.

- Père qui est souvent absent pour son travail (chauffeur routier, commercial, pilote de ligne, etc.).

- Père peu communicatif (le fameux « taiseux »).

- Père trop fatigué le soir après le travail, etc.

Oui être père est un rôle primordial surtout entre 3 et 7 ans, mais peu en sont informés.

Cela dit, il vaut mieux un père « défaillant » qu'un de ces pères qui « Mettent la barre très haut ». Ceux-là qui condamnent <u>irrémédiablement</u> leur progéniture à se ressentir nulle, pas à la hauteur pour le reste de leur vie. Et ceux-là aussi sont légion :

- Les pères obsédés par les notes du carnet de notes. Ceux qui ne sont jamais capables de féliciter pour un 5 qui est devenu un 7. Aucun effort n'est jamais reconnu. La barre demeure encore et encore impossible à atteindre. Ces enfants-là, arrivées à l'âge adulte, vont souvent multiplier les formations, les expériences professionnelles sans pour autant trouver leur place ou ce qu'elles aiment faire.

- Les pères brillants, charismatiques (médecin, avocat, juge, homme d'affaires, intellectuels, etc.) et adulés par leur entourage, la maman souvent en tête de cette dévotion. On reconnait facilement les adultes qui ont souffert de ce type de père dans leur enfance. C'est le médecin, l'avocat, etc. qui accroche <u>tous</u> ses diplômes bien en vue dans son cabinet. Des diplômes qu'il a souvent cumulés, comme autant de « Regarde papa, je suis à la hauteur ». Triste n'est-ce pas ?

*Sans jugement. Le mot « Défaillant » est utilisé ici sans intention de condamner. Chacun fait souvent comme il peut.

Quand naissances et traumatismes vont ensemble

Je reste sans voix lorsque dans les médias je lis l'avis « Ô combien » important d'un ou d'une spécialiste de l'enfance qui, sans aucune hésitation, déclare : « Avant 4 ans, les enfants ne gardent aucune trace d'un traumatisme. Vous savez les enfants sont par nature résilients. ».

Comment peut-on dire autant de bêtises en 2 simples phrases ? Nous avons vu quelques chapitres plus tôt qu'on pouvait naître traumatisé et même en trainer les conséquences pendant de nombreuses années.

À présent, je voudrais vous parler de la place au sein de la fratrie, soit par rapport aux autres enfants de la famille.

Souvent j'entends de jeunes femmes me dire : « Je vais vite mettre en route un autre enfant, comme ça ils joueront ensemble. »

Grave erreur. Et cela même si l'enfant déjà né demande un petit frère ou une petite sœur, car ce qu'il demande, en fait, c'est un enfant du même âge, et certainement pas cette espèce de gigot avec qui on ne peut pas jouer, qui pleure pour un oui ou pour un non et qui mobilise toute l'attention de maman.

De plus biologiquement un enfant a besoin de sa mère pour lui seul pendant 3 ans pleins, du début de sa vie.

En effet, dans la nature (du temps de Madame Cro-Magnon) l'enfant humain n'est pas à même de subvenir à ses besoins avant l'âge de 3 ans. C'est pourquoi, d'un point de vue biologique, la mère devrait allaiter son enfant pendant 3 ans.

Ainsi, si un autre enfant naît avant la fin de cette période de 3 ans, l'aîné va percevoir cette nouvelle naissance comme un danger. Il lui prend la mamelle, le condamnant à ne pas pouvoir survivre.

Ben entendu dans notre type de société, l'arrivée d'un nouvel enfant ne condamne pas l'enfant déjà là à disparaître. Mais cette information n'est pas présente dans le cerveau primaire, instinctif. Aussi cela entrainera de l'agressivité de la part du premier enfant vis-à-vis de son cadet. On retrouve d'ailleurs cette agressivité très fréquemment, pour ne pas dire toujours, lorsqu'on interroge sur les relations des 2 enfants entre eux dans leur petite enfance.

Mais que se passe-t-il lorsque le nombre d'années dépasse de beaucoup les 3 ans recommandés ? Comme vous le verrez dans l'exemple qui suit, cela peut être extrêmement perturbant et traumatisant.

La princesse en état de choc

Virginie est une femme de 45 ans divorcée et remariée avec 2 enfants et qui a eu tout au long de sa vie de jeune fille et de femme plusieurs avortements. Très sportive, elle a une hygiène de vie irréprochable.

Je note chez elle une petite taille et une voix fluette. Ce qui est souvent la trace laissée par un traumatisme fondateur intervenu lors de la toute petite enfance. Un peu comme-ci le traumatisme avait bloqué certains développements sensoriels.

Virginie a actuellement une vie qu'on pourrait de parfaite : un bon travail, de beaux enfants, un mari qui l'adore, une belle maison, etc.

Pourtant il lui arrive très souvent d'avoir des bouffées de désespoir qui l'étreignent, souvent au réveil, et généralement quand pourtant tout va très bien dans sa vie « parfaite ».

Je commençais par traiter les quelques traumatismes évidents survenus dans sa vie : 1er mariage, divorce, quelques petites difficultés secondaires rencontrées. Et Virginie alla de mieux en mieux dans son quotidien : moins de tendance à faire un monde de toutes petites contrariétés, elle gère calmement ses relations avec son ex-conjoint, notamment en ce qui concerne les enfants, etc. Mais demeurent ces attaques de désespoir incompréhensibles.

Je décide alors de la ramener avant la naissance de sa sœur.

Virginie est alors une enfant unique choyée par sa mère et son père, une petite princesse.

Une petite princesse qui va être brusquement détrônée par l'arrivée de sa jeune sœur, alors qu'elle a déjà 8 ans. Tout à coup, alors que rien ne l'y préparait, Virginie n'était plus au centre de l'attention de ses 2 parents. Focalisés autour de la petite dernière, ils ne prêtaient que peu d'attention à Virginie qui ne trouva comme solution, pour « retrouver » leur attention, que de devenir une sportive de haut niveau. Car, c'est seulement lors de ces compétitions que ses parents venaient l'encourager. Elle me dit : « Dans ces moments-là, ils venaient sans ma sœur. Je n'ai aucune idée où elle était ».

Quand j'ai traité la période regroupant la naissance de sa jeune sœur et les quelques semaines, mois, du début de cette cohabitation, Virginie montra des signes de traumatismes aigus, semblables à ceux qu'on rencontre lors du traitement d'un soldat ayant été traumatisé en zone de guerre : Sidération, dissociation.

Et pourtant, il a fort à parier que ses parents ne s'étaient aperçus de rien, ou très peu.

On voit bien à travers de cet exemple qu'on ne peut pas présumer de la gravité d'un traumatisme. Ce qui pourrait paraître épouvantable peut ne laisser que peu de traces dans la vie émotionnelle et sensorielle de la personne. Alors qu'un traumatisme aussi « banal » que la naissance d'une petite sœur peut fracasser un individu pour la vie.

Ce traumatisme, chez Virginie, générait ces bouffées de désespoirs quand tout (objectivement) allait bien dans sa vie. Un peu comme un rappel de ce qui s'était passé lorsqu'elle avait 8 ans : petite princesse adulée un jour, et plus rien le lendemain. Car notre Cerveau émotionnel va se servir des traumatismes de l'enfance pour créer des alertes, et cela même si elles n'ont aucune raison d'être. Je vous rappelle les points suivants : Il n'aime que ce qu'il connait, il ne veut que ce qu'il connait.

Conclusion

Nos traumatismes nous construisent.

Nos traumatismes décident de notre humeur, de notre santé, de notre présent et de notre devenir.

Si la vie qu'ils nous construisent, au jour le jour, nous convient, alors tout va bien.

Mais si ça n'est pas le cas, pourquoi continuer ainsi ?

Alors qu'un thérapeute EPRTH™ pourrait vous en débarrasser rapidement et durablement.

Bibliographie

Quelques ouvrages de référence :

« Arrêtez de vous prendre la tête et guérissez », Ambre Kalène - KRF éditions

« Concrétisez vos rêves », Ambre Kalène - Ed. Bussière

« Sortir de l'anxiété avec l'EPRTH™ », Ambre Kalène - Ed. Bussière

« La santé par les bourgeons », Ambre Kalène - KRF éditions

Ambre Kalène reçoit en consultation EPRTH™ uniquement à distance :

Si vous désirez prendre rendez-vous avec elle, vous devez lui envoyer un mail sur :

eprth@hotmail.com

Vous désirez consulter un praticien EPRTH™ près de chez vous :

Rendez-vous sur l'annuaire des Praticiens EPRTH™ disponible sur le site :

www.eprth.com

Il est également possible de se former en EPRTH™

Cette formation est uniquement accessible dans le cadre de la formation continue des professionnels de santé : Médecine douce, Médecine conventionnelle, Infirmier(ière), Kiné, psychologue, psychothérapeute, etc.

Si vous souhaitez suivre cette formation, n'hésitez pas à nous contacter ou allez directement sur :

https://www.eprth.com/formations/formations.html

Si vous avez apprécié ce livre, n'oubliez pas de l'indiquer sur Amazon en laissant un commentaire.

Cela sera utile pour la technique EPRTH™, ainsi que pour tous celles et ceux qui souffrent et qui ont besoin de rencontrer une solution possible à leur problème.

De la même Auteure :

Arrêtez de vous prendre la tête et guérissez!	Dépression - Comment en sortir naturellement
Kindle : 158 pages Broché : 236 pages ISBN-10 : 1723865613	Kindle : 168 pages Broché : 165 pages ISBN-10 : 2494070007

Retrouvez les autres livres de

Ambre Kalène sur :

Amazon

www.ingramcontent.com/pod-product-compliance
Lightning Source LLC
LaVergne TN
LVHW050553160826
845677LV00011B/2297

* 9 7 8 2 4 9 4 0 7 0 1 0 3 *